沒有資優班

珍視每個孩子的芬蘭教育

〔典藏增修版〕

推薦序
芬蘭孟母不三遷

郭重興　讀書共和國出版集團社長

我曾經在法蘭克福書展的一次晚宴上，與一位芬蘭出版社的女性公關比鄰而坐。高挑、白皙，而且健談。我們聊了北地的芬蘭人如何在漫漫永夜裡企盼天降瑞雪，將大地覆蓋得一片銀亮；遙望南方地平線上的那抹若有若無的微光。她手勢強烈，姿態生動，非常樂觀的樣子。我當時還心想，是基因演化的結果吧，不這麼進取、鮮明，芬蘭如何在北極圈熬過來，而且活得這麼精彩？

「那妳怎麼看，芬蘭為什麼表現得這麼傑出？」部分是出於禮貌，但我真的好奇，因為她告訴我她們這家在芬蘭第二大的出版社，每年出書量有五百多本，而芬蘭人口還不到台灣四分之一。但是，會有簡單的答案嗎？

沒想到她的回答無比乾脆，篤定又自信。我一方面心折，一方面也自嘆弗如。我們的國家從沒讓我們這麼驕傲過。

「天然資源，我們有廣大的森林。高科技，像通訊。還有教育，我們就是愛讀書，從小就是。」這三點她是用右手的三根指頭一個個表示的。資源，台灣也有，不過森林似乎快要被盜伐光了。高科技，台灣差點，畢竟沒個品牌曾像Nokia那麼響亮、原創。至於教育，當然就是對人的價值的肯定和投資，這才是芬蘭經驗最了不起的資產吧。

這席話少說也是幾年前的事了。我始終難以忘懷的是，是什麼樣的國家，或說究竟是什麼樣的政策和內容，會讓她的人民豎起拇指：「看，我們的教育這麼好。」我記得小時候有一次趁著打掃之便盯著永樂國小校園一角「至聖先師」塑像下面那一行「十年樹木百年樹人」看了好久，一點悟不出其中道理。「十年樹木」還說得通，「百年樹人」不是自打嘴巴，在從前和現在的台灣？

可是芬蘭做到了。細讀《沒有資優班：珍視每個孩子的芬蘭教育》，你大概會和我一樣，首先就想到這一定是個好媽媽寫的。不錯，也只有好媽媽才會不僅關心女兒的教育環境，而且還把它拿來與左鄰右舍、親朋好友共享。只不過這次她想好康互相報的對象是我們，她所有的台灣鄉親。作者當然還是位好作家，看書中描寫的極地雪景、湖泊和林間小屋，其靜、其美，盡可以入畫。但或許更讓讀者放不下書本的感動是作者的真性情。她抽絲剝繭，一層一層把芬蘭的教育理念、政策、改革過程、教材、學校、圖書館、個別指導、福利，這麼多項，一一講述，一一剖析。我們真的應該感念她為了一探究竟，不僅自掏腰包參加好幾場專為前來取經的外國參訪團辦的教育研討會，還北上極地，東臨俄、芬邊界，只為提供我們一幅不偏不頗的芬蘭教育圖像。

難道我忘了「教師」？當然不是，只不過「人」，尤其站在第一線的「教師」，實在太關鍵了，我必須提醒讀者閱讀時千萬要細細咀嚼。啊，說來說去，就是專業和尊重。台北都會區曾有幾年不是一直吵著要採行「一綱一本」？看看作者的破題吧，「芬蘭教材是一綱多本」！而且選哪一本，至少在小學校裡，完全由每個老師自己決定。你不尊敬和信任老師，還能期望他們能教出好學生嗎？

說到好學生，我已經看到台灣的父母大人們又要吵翻天了，只因爲每個人心目中對於「好學生」自有一把量尺。

也許我們還要請作者寫一本「芬蘭教育改革史話」。不是我偏好歷史，而是我真的知道，改革一家企業已經夠難了，芬蘭為什麼能動員幾乎舉國之力，完成人類史上最和平，卻也是最深刻的革命？在我們來說，已聽了幾千年的「眾生平等」的老調，芬蘭人卻真的使它變成政策，並及於生活，成為文化的一環。福山說「歷史已終結」，也有人倡議「地球是平的」，可是沒出現過馬克思，從無毛澤東也從不想繼踵法國大革命的小國芬蘭，其成就肯定會讓那些高唱全球化的先知者謹言慎行一些。畢竟，到頭來，人的價值是遠高於一切一切的。作者是這麼相信，因為芬蘭就是在這個信念上一步步遂行其教育改革的。

推薦序
沒有資優班的芬蘭，鼓勵人人從小練習做自己

廖雲章　獨立評論@天下頻道總監

多年前，之華隨先生外派芬蘭，為了融入在地，她跟著孩子進入教育現場，體驗了一場前所未有的文化震撼：從一個信仰愛拚才會贏的台灣，來到不分班不考試的芬蘭。讓她不解的是，為什麼不考試、不排名的國家，居然能在OECD（經濟合作暨發展組織）主辦的PISA（Programme for International Student Assessment，國際學生能力評量計畫）評比中名列前茅？

之華帶著專業文字工作者的敏銳與耐心，像個人類學家般，親身走入芬蘭教育現場做田野調查，她對這個北歐小國的教育書寫，風靡台灣教育圈。二〇〇八年出版的《沒有資優班：珍視每個孩子的芬蘭教育》成為家長教師人手一本的暢銷書，當時服務於教育專業媒體的我也不例外。

走訪數十所學校之後，她發現大家說的都差不多，有些校長老師甚至無法回答「妳們到底是怎麼？的？」這種簡單的問題。誠懇務實的校長老師告訴她：「就是回到教育的本質，我們沒有祕訣。」

她不滿足於這樣「普通」的答案，再接再厲，獨自前往偏遠郊區、甚至深入北極圈的迷你學校訪談，期望得到不一樣的獨特觀點。這本書，就是她走遍芬蘭城市鄉村、深入極圈追尋教育現場的筆記。

沒有資優班　城鄉學力差距世界最小

跟著之華，彷彿身歷其境來到芬蘭的教室，發現這裡不只沒有資優班，也沒有教師評鑑，學校不評比、學生不排名。校長自豪：「我們的師資水準高，所有老師都是最好的老師」、「我們所有學校的設備都一樣好」、「沒有學不會的學生，只是需要不一樣的方法」。

然而，這種強調平等的教育方式，對於資優生來說，會不會造成逆向歧視？校長老師口徑一致回答：「那些優秀的人自己心知肚明，身邊的人一定也知道，還需要特別表揚嗎？」同為小國、只有五百多萬人口的芬蘭，他們的教育理念很務實：我們人這麼少，所以一個都不能少！

我認為芬蘭最傑出的不是世界第一的排名，而是世界最小的城鄉學力差距。

芬蘭式的「一個都不能少」不是口號，落實在制度上：偏遠郊區學校學區幅員廣大，學生每天搭計程車上下學，由政府買單；因應學生人數少，採取混齡上課，由老師客製化教學；學校每日提供免費溫熱午餐、免費教科書供學生循環使用，確保學生不因家庭、身心條件的落差，而有學習障礙。芬蘭教育的核心是「確保無人落後」。

重視母語鼓勵外語　語言是連結世界的工具

印象特別深刻的是，之華在書中展示了芬蘭小學生的課表，光是語言課就超出數學課許多堂，母語、官方語、第一外語、第二外語，之所以有這麼多語言課程，因為芬蘭人知道，外語是連結世界的工具，百年來身處強鄰之側，飽受侵略與壓迫，更讓芬蘭人從歷史記取教訓，從小就重視母語，他們更鼓勵移民後代學習母語，保有自身文化。

這點讓我很有感觸，台灣教育部推行一〇八課綱，將東南亞語言納入國小母語選修課，引發社會紛紛擾擾，許多批評者認為小孩連國語、英語都學不好，還要學母語，簡直多此一舉。可是，芬蘭教育卻提供高達四十多種語言課程，從制度上保障移民能保有自己的文化根源、語言與宗教，只要有三位學生有語言需求，學校就必須提供課程。

芬蘭相信，只有自身的根扎得夠穩，移民才能有自信接受多元文化，面對族群融合的挑戰。國家願意花這麼多教育經費，補起各種社會條件的不足，因為他們瞭解，小國禁不起社會負面成本與割裂。看起來對移民很友善，其實是為了國家社會整體的長遠發展，芬蘭的務實很花錢，但非常有遠見。

多年後重讀這本書，即使芬蘭已不再是PISA排名第一，亞洲國家在這十幾年來急起直追，搶進排名，然而，有些排名超前的國家出現一種矛盾的現象：考試成績很高、但孩子的學習意願低落且缺乏自信，而芬蘭孩子的表現持續保持在喜歡學習、成績也還不賴的情況。

芬蘭是台灣的一面鏡子，同為自然條件不足的小國，我們可以從芬蘭的教育看到，教育是一場馬拉松，贏在起跑點不算真的贏，過程永遠比結果更重要。

新版序
教改，從來不是一件容易事

《沒有資優班》從二〇〇八年出版至今，我的兩個孩子已經從芬蘭回台灣三年，又從台灣去了澳洲多年。孩子們從最初的小學階段，至今陸續都完成了研究所課程。

前陣子，在澳洲剛讀完碩士的小女兒說，她兼職工作的研究中心正播出台灣導演楊德昌拍攝的《牯嶺街少年殺人事件》。看完長達四小時影片，急著與我分享的小女兒說，雖然自己只在台灣唸過一年半的小學和一年半的中學，但電影裡的教育場所與管教氛圍，對她來說竟然一點都不陌生，還非常能感同身受。

然而，這部片子問世已有三十年，影片中敘述的更是以一九六〇年代的台灣為背景。

震撼的台灣「開學禮」

最初書寫《沒有資優班》時，我的孩子都還在芬蘭的小學階段，而書出版之後半年，我們舉家遷回台灣，孩子們也分別進入了台灣的國中小學就讀。

孩子在北歐生活六年，返回台灣銜接當時的教育體制，她們一下子從芬蘭的教育環境來到了思維截然不同的台灣教育現場。

打從第一天起，就在毫無心理準備之下，面臨了前所未見的大挑戰。大女兒直接進入國一下學期，接收到台灣教育的真實見面禮——握起2B鉛筆，畫了兩天的模擬考試答案卡。這豈止是文化震撼，更是經歷了芬蘭六年上學所未曾想見的「開學禮」，也是之後我們在澳洲教育現場，絕不會出現的開學日場景。

回台灣就讀中學後不久，大女兒也赫然發覺，同學們全都認為：只要來不及寫完的試題，豈有不去猜答案的理由！而接受了六年北歐教育思維剛回國的孩子，卻像活在不同平行時空般，百思不得其解又天真的反問我：「媽咪，什麼是『猜題』？」

於是，孩子們在回國後的教育現場裡，見到了從未遇見、此起彼落的一幕幕震撼場景：有不少同學早已精於仿效家長簽名，因為忘了簽名是會被處罰的；也有老師是以考倒大家為樂趣，或以移除每本參考書後方的答案頁為喜；更有老師以錯一字扣十五分為標竿而搞得大家多寫多錯，最後同學們發現到，只要錯三個字就不及格時，那倒不如乾脆整個放棄算了。

雖然，孩子們回台灣就讀的中學，是一間相較開明的實驗附屬中學，但國中階段還是會有動不動叫同學去訓導室（二〇〇〇年起陸續依法規改稱為「學生事務處」），動不動要大家罰站等等的管訓方式。對於當時從北歐回台灣就學的女兒們來說，面對這許多不分青紅皂白式的管教，覺得挫敗，因為教育主事者完全沒有看到事情的真實面或是非對錯。

受處罰者其實未必是真的犯錯者，但忙碌的教育現場中，誰又有充足的時間去在乎事情的真實性？這就跟大家為了拼成績而猛猜題的概念是一樣的：只為追求最後「達標」的成果，而未能了解事情原委和其中的問題。

或許你會說，那是十二年前的國中現場，現在可能不同了，因為有一〇八新課綱。但台灣教育現場經年累月積澱下來的慣習作風，果真因此鬆動了嗎？

一〇八課綱是教改好解方？

一〇八新課綱發表的那年，我剛好從旅居六年的澳洲搬回台灣，那時孩子們已完成基礎教育，分別就讀大學與研究所。當時在台灣的我，每回遇到家有國、高中生的父母或親人，他們總停不住分享孩子們在中學裡所面對的真實壓力和無盡挑戰。平心而論，我們的學習現場因為升學所產生的無數大小考試（雖然教育政策制定者與執行官員可能以為沒此事），其實並未因不同的世代與教育改革而減少，反而讓教育現場中的所有參與者，無論師生或家長，都不斷承受著各種壓力，隨著不同學習階段而逐步累積出超額的課業量、考試量與工作量。

我某些至親好友的孩子，目前正好也在國中階段；即使是成績再好的青春期孩子，也不免會因為某科成績不理想而被責罰，或因小事被師長以不信任的口吻在聯絡簿或考卷上寫下質疑。而事情的導火線，可能不過就是孩子在聯絡簿裡少記了今天某一科的某個小考成績。

你或許會說，那是老師的關心與求好心切。我當然也能理解師長們所承受的學校教學要求，以及面對班級成績與課堂管理的績效壓力。但面對青春期的孩子，師長們該如何說話、怎麼表達，其實都牽動了孩子們對於上學與學習的心情、感受和期待。

而你或許也會說，新課綱都上路了，我們的教育必然會走向不同的發展道路。但新課綱的實質內容和精神到底能否為我們的教育現場，帶來翻轉式的牽動與學習方式的大震撼呢？

「成就每一個孩子」：一〇八課綱的願景

前兩年，我參與了南部科學園區一場與新課綱有關的教育講座，當天有台南市教育主管單位說明新課綱的精髓與概念。那是一個週六的午後，觀眾席坐滿上百位關心教育的家長和教育工作者。

座談會提到成就每一個孩子的教改理念，也講到素養、說明新課綱裡的精神；這些對許多人們來說，或許是增添了新意，但對我而言，卻是再稀鬆不過的基本理念了。

所謂一〇八課綱（二〇一九）的願景：「成就每一個孩子——適性揚才、終身學習」，正是這本書在二〇〇六年開始進行研究訪談撰寫時的概念，這項基礎理念一直不斷在這本書中被提到。爾後我另一本二〇一〇年出版的教育觀察筆記的書名，也非常巧合的與新課綱的願景同名：《成就每一個孩子》。

面對新課綱，大家心裡必然會有不確定性，無論是對於未來大學新制考試上的學科採計方式，或是宣揚適性發展背後的執行策略，所將強加在孩子、家長、老師三方之間的無形壓力，以及對於未來教育的方式與發展，更是多有不安與惶恐。

當天在台上分享看法的我，其實最大的感想就是，不管世界如何改變，許多事物的本質其實應該是不變的。我們對孩子的愛與支持，就是不變的定律。而如何看待、對待、教育、教養孩子，也有其不變的本質。因此，許多事情只要回到根本與初衷，其實就是現在新課綱想要彰顯的精神、概念與未來趨勢。

一〇八課綱裡所陳述的想法與願景，如果能逐步落實，當然是件美談。但新課綱的理想到現實，必定會有不少障礙需跨越，若沒有足夠的教育人員配套與人力資源挹注，讓對的觀念逐步形成社會的共識，很可能又惡性循環的徒增老師與學校的備課和績效壓力，然後再將這些新的壓力轉嫁給孩子們和家長。到最後，恐怕又只是繼續強化教育現場的扭曲：師長和學校為了「交差了事」，大家只忙著將「達標」當作學習唯一目標，而學校、家長與學生的終極目標，可能還是以多少人上了第一志願為升學導向。

許多時候，在一個被扭曲的學習環境中，再正常的事物，也不可能正常發展；再畸形的教育概念，也會被眾人視為正途。

鬆綁後壓力更大？放下急功近利的思維

所以，當大家在談論「素養、多元教育」等概念的同時，如果社會大眾仍如往常般，心中對於教育的概念仍是有階級、有偏見、急功近利、只想求贏、求第一、只重績效、升學的話，那麼不管新課綱的論述再如何先進、如何宣揚理念，其結果與操作過程將必然與理想有相當明顯的差距。

當每個人的壓力，都來自得對上級要求而有所交代，難免就淪為，關乎校方榮譽、學生表現、升學率等表面績效而做的工夫；若不願意確實去探究這些事物表面下的實際面向與真實成績，而選擇長期漠視這些問題，久而久之，大家就會誤以為是種文化了，也會不時以為，這就是不同社會下所產生的教育差異。

但追根究柢來說，其實是大家對於教育理念所堅持的基本原則不同，而產生出不同的結果與做法。也就是說，當我們只看到分數本身，而不去了解背後的原因，還以考倒孩子為樂；當我們只看到孩子不專心，卻沒去思考，原來他已經「超時」學習了；當我們興高采烈地移除參考書後面的答案本，其實只不過是在乎孩子是否自行把功課寫完，而沒想到，為什麼孩子要去抄答案；當我們還以爲，如果不考試，孩子就不讀書——那其實應該想到的是，我們對於教育理念的基本看法，實在需要有所翻轉了。

歷經這麼多年教育改革和發展之後，我們的教育現場當然注入了更多新的教育理念、概念與思維活水，社會大眾與教育工作者也更加理解「多元適性」的重要性。但政策面的規劃，是否能如理想般的達標，而真正使我們教育現場有所改變？

這仍須仰仗多方的努力：與時俱進的社會共識，溫暖有智慧的家長，以及具宏觀視野、不看表面成績的政策制定者與審查者。如此，才能使台灣教育現場不趨於急功近利，不為績效而教學，不先射箭再畫靶，不因求學校表面的教育成果，而忽視了接受基礎教育孩子的學習，以及所應獲得培養的能力。

回歸教育本質的全方位思考

前兩年，有一回在台北住家附近巧遇十年不見的一位美髮師。她說，正巧才剛和先生談起我，因為他們孩子正就讀台北一所新型實驗學校，而她先生認為，那間學校的教育模式與概念，幾乎就是參照著我的《沒有資優班》啊。

美髮師說，當年自己沒結婚、沒孩子，所以我送她那本書時，她以為是天方夜譚。但當自己結婚生子之後，對養育下一代等議題的關注變得深刻起來，而她畢業於台灣第一學府的先生，更早早就將我的這本書讀完，所以才會在後來孩子上學時有此評論。

因為關注孩子的教育而讀了這本書的，不是只有這對美髮師夫婦，還有許多關心孩子教養與學習的父母，以及第一線的教育工作者、教育政策制定者、教育管理者，甚至是在教育現場裡學習的學生。這些年來，我從各方收到的熱切回饋得知，他們當中許多人因為書裡的內容，而產生一股去面對自己所處環境的動力，思考如何才能改變現狀，而不只是無奈的、挫折的默默接受現實。

這本書，是我二〇〇八年所寫下的北國觀察與以芬蘭基礎教育所作的第一個詮釋，書裡有眾多我曾經實地走訪芬蘭的深刻記錄與訪談故事，其中也有芬蘭的人文剖析和我對於教育學習的觀察與見解。這些內容，曾經讓我在出版之後每每翻到其中一些篇章時，感動落淚。即便多年後在增修改版時閱讀，依舊有讓我動容之處。

動容的原因，絕不是因為她是芬蘭教育，或是這本書裡面所提到觀念與我們一〇八課綱甚多不謀而合，而是因為一個對於「教育所為何來」、「終身學習概念」等思考主軸，以及對於生命的重視、對於人權的理念、對於教育工作者的能力培養，以及所謂的基礎教育的意義和學生應享有的權利等等，所需要的全盤檢視、全面理解、全方位思考。

而我想，這或許是這本書，曾經引起大家廣泛關注的背後原因吧。而多年之後，當我再度推敲其中的人文精神與追求事物根本的價值，深深覺得，它所講述的教育觀念與思維，仍然有值得大家去思索反芻的概念。

003 推薦序
010 新版序
024 引言

第一章 新生活的開始

032 芬蘭？Oh, my God!
035 戍守邊陲
039 初到芬蘭
041 「安居」難不難？
043 安家是大事
046 全身武裝，玩雪去
050 芬蘭學校沒有制服
054 女兒轉入芬蘭學校
057 轉學，小小年紀的挑戰

第二章　芬蘭教育特質

064　芬蘭教育：「見樹」又「見林」
069　芬蘭教育：「先見林，再見樹」
074　重視教育，百年如一日
078　扎實教改，成就了今天的芬蘭教育
084　全世界落差最小的教育體制
088　芬蘭教育最可貴之處
091　工作時數少，上課時數也少
094　芬蘭式的自我管理
104　老師一樣好：不用評比
107　教師，芬蘭高中生的第一志業
111　教育，一切都是為了學生
113　混齡教學在芬蘭
116　沒有後段班，只有引導班
119　芬蘭，為什麼要講「不讓一人落後」？
123　零年級，不需要「贏在起跑點」

第三章　基礎教育篇

132 通識的開端
140 尊重多元的開始
142 開闊與內外兼具的視野
145 精彩、平衡的人生路
150 真槍實彈的生活教育
152 下課之後
154 英文，怎麼教的？
158 多語言的芬蘭人
161 家長會一窩蜂去選學校嗎？
167 教育，為了吸引人才回流與國際人力
171 閱讀是終身資產
175 每日至少半小時的閱讀
177 閱讀環境的引導
179 圖書館，芬蘭的人文地標

184 深入各地的流動圖書館
188 與芬蘭教科書的淵源
190 好作品，才有出頭天
194 用心的出版商與編著者
197 芬蘭真像是面鏡子
199 基礎教育之後：高中與職校

第四章 走訪各地的感動

212 「計程車」接送上下學
217 鄉鎮學校的孩子，英語真不錯
219 十五位學生的迷你小學
222 現代建築獎的學校
225 鋼骨創造溫馨的學習環境
229 淑女左手臂上的小鎮
233 極圈鎮上的中小學

237 我們有全世界最好的水質
240 萊維山邊的基提萊鎮
244 北極圈裡的台灣情
247 一代比一代更好
249 競爭力，來自何方？
253 拉普蘭首府的驚喜
256 特殊教育的深層感動
259 為弱勢量身訂做的教育
262 俄國邊界的芬蘭城鎮
265 移民孩子的教育
270 俄羅斯與芬蘭的歷史課
276 妳說，芬蘭教育為什麼成功？
279 為了教育，回到芬蘭
283 美麗的雪城

第五章　教育的未來式

290　自重自愛的芬蘭人
293　未來教師需要的能力
296　教育系學生的全新評選法
300　要平等？還是菁英？
304　教育，芬蘭的新品牌
308　教育，讓世界前來取經
311　來芬蘭唸書，好嗎？
315　適合做執行長的民族
319　芬蘭，妳的前途似錦

324　**後記**

引言

芬蘭，對我而言，是一本寫不完的書。

她開啟了我內心世界中，一扇又一扇的生命視窗，讓我學會了對自我探索的堅持與反芻，讓我看到了人生的不同意義與價值，更讓我真正去翻開一頁一頁不同的社會、人文、教育、藝術、創作價值觀，以及生命歷程裡的得與失。

一九九三年，我和新婚不久的先生，到了西非洲大國的一座超迷你小城，曾經以為，自己會在當地寫出一本「非洲也瘋狂」。

但是，人生中的計畫總抵不過變化，自此之後的二十多年跨國搬遷，就像是忘了踩緊北極哈士基犬雪橇的煞車，被一群活蹦亂跳的極地犬，拉著不停向前奔馳，拖往不同的文化與國度。我的視野、心靈觸角與思維面向，也在不同的人文、國度、社會游移之中，漸次開闊。

而計畫與變化的最大反差，就是書沒生出來，反倒升格成了兩個女兒的媽。

她們都是我在非洲懷孕的，但也都是身懷六甲之際，飄洋過海，繞了地球一大圈才得以生下來。

這些年來，女兒一路跟我們從非洲到美國夏威夷，再回到台灣，之後又再來到北歐，從美國的托兒所幼稚園、台灣的學前教育與小一、芬蘭的英式國際幼稚園、美式赫爾辛基國際學校，再到後來她們兩位一起經歷了四年多的芬蘭教育體系。

我因著兩個孩子與搬遷生活，在因緣際會下開啟了自己對於不同文化、社會與教育的反思與心靈視野。

住在北國六年期間，我不斷的四處走訪、對談，原本期待的是一個全球推崇的巨人身影，但卻發現芬蘭不過是眾多平凡的民族之一，她的子民和你我一樣，都會出現大小不同的錯誤。但她們卻能平平實實的從錯誤中學習不斷修改與更正，再想盡辦法穩穩的走好下一步。

她的教育方針歷經多次轉型，教改、論辯是常態，但教育模式是從嚴格管控到自由開放，從百般規定到充分授權與信任；對老師和學生都一樣。

過往的芬蘭教育，老師是權威，學生最好沉默是金；老師說，學生聽。

過往的芬蘭英文課，曾經是大家跟著老師唸：This is a book. That is……

過往的芬蘭教育，是十歲分流，把學生在小學沒畢業，就決定他們是繼續唸書，還是走向職訓。但今天，卻扎實的執行讓所有孩子全都納入基礎教育體制裡。

芬蘭的教改，不是一路平順，也並非一蹴可幾的就達到今天舉世艷羨的高水準成就。但這個國家，有很強健、深厚、具公信力的研發機制，提供了很多實在、確切的統計與分析，讓師長和教育人員從中不斷去檢視、瞭解、討論，再憑藉他們總是「先有計劃再做事」的民族性格，以及「不求快」也不急著立竿見影的安穩心態，一步步踏實的執行出來。

最重要的是她們的信念中，多了一份實事求是，以及重視真正的「平等」，城鄉無差距的教育資源平等，絕不強調「菁英」的受教權平等。這個「苦寒」北極圈小國所做到的「眾生平等」，讓我多次在走訪之中，動容、落淚……

北歐的孩子，和你我的小孩相同，毫無差異的擁有所有人性中的各個面向；而所有從兒童到青少年的青澀成長歷程，也都一樣。

唯一差別的是，整個社會和教育體制對於人的關懷、對於人的信任、對於人的尊重，以及對於人生到底是不是一場要贏在起跑點競賽的想法，是以更健康、更有人文思維的深度，去釐訂教育的理念和方法。

教育「概念」的不同，造就出不同社會與文化的真正區隔。

雖然，芬蘭人對於自己的社會與教育，也多有抱怨與批判。所有的爭執，總是希望能找出未來更好的道路，以及如何穩健邁向美好的未來。

我知道，教育是「進行式」，所有的數據與統計都會隨時代的演進而不斷更新，所有的細微之處，也總會因著時間的流逝而隨之修正。但這一項進行式就如同個人的生命一樣，必須在變與不變之中，找到最重要、最值得珍視的精神與價值；而唯有回歸根本，才能檢驗價值與精神的可貴之處。

芬蘭的教育成就，就是把所有的「根本」與「偶然」，一步一腳印的落實之後，所產生的種種「必然」。

芬蘭教育體制真心把每個別人家的孩子，都珍視為自己的寶貝，去拉拔撫育、用心灌溉，給予時間、空間，找到人性中善良的一面，協助鼓勵養成學習動力、從不刻意強調菁英、資優、競爭、比較，從不要求學生和老師具備超人能耐，從不獎勵全勤與整齊劃一，而將人人視為有著喜怒哀樂的平凡人性，然後從人性的根本上，去尋思如何陪著他們健康、正常的走完成長中的教育。如此而已。

這本書涵蓋的內容，以七歲至十六歲間的芬蘭基礎教育為主。畢竟，一切教育的基礎，與社會觀念的建立，來自人們小時候的習慣與思維養成、形塑。基礎教育絕對是個關鍵。

撰寫過程中，我不斷提醒自己不能只以赫爾辛基看芬蘭，也不只是以自己兩個孩子在芬蘭的受教、成長經驗來談，而是描述芬蘭各地給我的多元感受與真實體會。藉著在真正走到、聽到、看到、談到之時，真摯觸動了我自己內在的心靈，才將記述、觀察與觀點寫下。

期盼藉由這本書，與您一起分享這些年來我對於芬蘭教育的貼近觀察。希望透過我與芬蘭教育的對談，來與您對話。

我相信，你我必然能激起不同角度思考的火花。而每個四處迸射的火花與思辯，都會是一種對你我人生、對所處社會、對教育本質的新認識與新希望。

謝謝您來看這本書。

大雪紛飛的赫爾辛基白教堂

赫爾辛基市的沙皇亞歷山大二世雕像

Chapter 1

新生活的開始

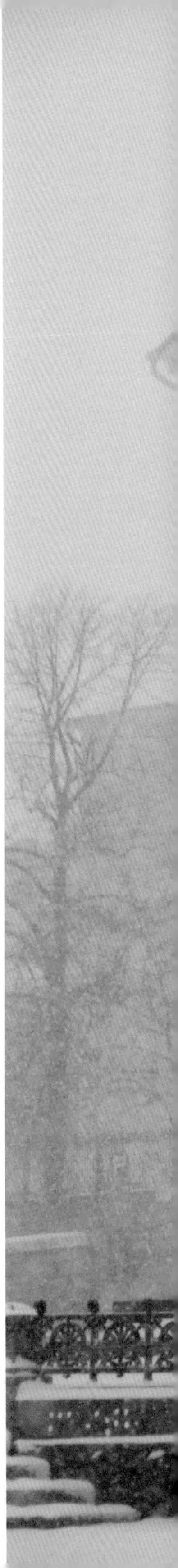

芬蘭？Oh, my God！

二〇〇二年秋日午後，家裡書桌散著兒童英語教案和一疊翻譯稿，電話突然響起，話筒那一端是先生的特急報。

「老婆，我們要調動了！」

我深呼一口氣驚訝的問：「啊，真的嗎？那、那，去哪兒？」

「嗯，是去芬蘭……」老公吞吞吐吐的。

「芬蘭？」我頭腦頓時空白，心裡高喊：「Oh, my God！」

當命運不是掌握在自己手中時，難免會有種種的疑問與驚悸。

手裡翻起我的世界地圖，仔細看著芬蘭在歐洲的地理位置和接壤國家。這是我有史以來第一回如此專注凝視斯堪地那維亞半島，和周邊區塊，一時間，我的世界中心移了位。

我，有點悵然若失。

「那你怎麼說？」還是問了老公。

「我當然說可以啊，不然，我還能說什麼？」

剎那間想起，立刻從電話本找出曾經住過芬蘭的朋友。

「穎啊，聽說你們要調去南國，我們是去北國芬蘭耶！這芬蘭，怎麼樣呢？」

穎說：「很好啊，芬蘭很好。」這時聽到耀插話：「真的不錯！」這夫妻倆輪番開講。

我問：「可是，很多人都說芬蘭不怎樣……」

「誰說不怎樣的？要不然，我哪會平平安安待上六年？」耀以一貫氣定神閒的語氣說著。

我有點心虛的回覆：「當然好。可是，聽說天寒地凍的。」

電話那一頭傳來笑聲，穎和耀開始談起他們的芬蘭生活經，和抗寒耐凍的心理建設。

在亞熱帶長大的我，又曾經住過非洲、夏威夷這些熱帶地方多年，一聽到那個「苦寒」之地，雖沒有即刻凍得皮皮剉，卻總還是要為自己和家人打打氣。

撥個電話回娘家……

「爸、媽，我們調去芬蘭。嗯，就是北歐，只是她的各方面條件，論緯度、論在國人心中的印象、論許多現實工作環境和待遇等等，大概都比不上瑞典！」

「哪裡都好，只要孩子有學校可以銜接，教育能不落後就行了。」爸媽發自內心的說道。

的確，這也是我們一直以來最卑微的願望，就是期盼同事、好友的家庭，都能在孩子學齡期間，調動到一個差強人意的環境時，除了工作、生活能適應外，就是希望有合適的學校讓孩子們順利銜接課業。這在他人看來事不關已，或微不足道的心願，反而是我們許多家庭準備迎向搬遷挑戰時，最需要天天祈禱、煩心憂愁的天大事。

畢竟，任何一次舉家遷動，看似船過水無痕，但卻深遠的影響到每一個家庭和孩子們的未來與成長。我趕緊和公婆聯繫，他們知曉了我們的人生新驛站，總算可以放下心中巨石般的擔憂。同樣的，只要孫女們有學校可讀，老人家的期許和做父母的我們，如出一轍。

一向開明的公公，並沒有對我們即將遠赴天涯海角與冰雪之國而憂慮，反而開心的說：「很好，芬蘭是音樂家西貝流士的故鄉。」

「西貝流士？」公公畢生研究西洋音樂欣賞、音樂史和音樂美學，他在第一時間點醒了我，古典音樂三位民族樂派大師之一西貝流士（Jean Sibelius），和人們耳熟能詳的〈芬蘭頌〉，就是來自芬蘭。

「芬蘭的音樂教育，非常成功。」他緊接著以專業的口吻說道。

二〇〇二年秋天，當我正開始瞭解芬蘭時，公公是身邊少數幾位對芬蘭人文、藝術有深入、正面評價的。對我們說來，這真是一劑強心針。

先生的大哥對芬蘭的瞭解切入點不同，學電機和通訊的他，從加州理工學院打電話來說：「芬蘭！Nokia的故鄉！」接著他和先生談了好一陣子電話和手機發展史，更說芬蘭電子通訊和資訊科技，都是世界頂尖。

芬蘭另一個最有「話題性」的，應該是國家競爭力評比了。不過，「競爭力」在當時似乎距離普羅大眾很遙遠，一時三刻，除了對經濟和全球化有研究的人，大家對芬蘭的感覺不只模糊，還會自動進行地理位置的乾坤大挪移！

「喔，你們要去斯德哥爾摩啊！好地方！」很多朋友對我們豎起大姆指說。

「不是啦！是，赫—爾—辛—基—」，我們面有難色輕聲的提醒著。

「喔，瑞典嘛，我說，斯德哥爾摩很好啊！」他們恍然大悟的笑著說。

「啥？你們說什麼？是，赫—爾—……」

「瑞典，好地方，好地方！恭喜啊！恭喜！」

我們揚起嘴角微微笑，但也就那麼淺淺的笑著。

西貝流士公園

戍守邊陲

隔幾天，先生有位同事打電話來。

「你們去那個丹麥……」

「不是丹麥啦，是，芬——蘭——」我們很客氣的提醒。

一陣沉默……

「哦，芬蘭，嗯，是那個跟俄國很像的國家嗎？」

我和先生交換了眼神，不再微笑，這回是苦笑。幾週後，來到自己曾經工作過的公司，碰到一位在大學教書的朋友，苦口婆心的勸說：「妳去芬蘭要做什麼？」

我，愣了一下，被問傻了。

「妳啊，要去，也應該去瑞典才是！瑞典有工業、有Volvo、有IKEA、有飛機製造、有最好的社會福利制度……啊！請問，妳說那個叫什麼蘭的，她有什麼呢⁇」

我，我，我，一下子吞吞吐吐起來，說起話來不再輪轉，好像他那麼「懂」北歐，我當下真是心虛得很。

「芬蘭，芬蘭有湖泊，是千湖之國，有森林，是聖誕老人的故鄉。當然，最重要的，她還有Nokia啊！」

「Nokia，是芬蘭的嗎？」這位在高等學府授業、解惑的師長，就在二〇〇二年的秋冬之際，問出了蠻多人的心坎裡話。

「妳確定？不是日本的嗎？No-Ki-A耶？」

我已氣息微弱，再也無法義正詞嚴，但為了還芬蘭一個公道，仍得為她正名。

「真的，Nokia是芬蘭的啦⋯⋯」他一臉狐疑的不再說什麼。

唉，我，還能跟你們辯論什麼呢？

回到家跟先生興師問罪：「老公，你怎麼總是去邊陲地區啊??」我繞著地球儀猛看還有哪一些「偏遠」國家⋯⋯

「老公，你看，北半球這裡，以後有希望去哦。老公，那裡，南半球底下被踢出來的一塊，都有可能耶！」他的視野開始茫然⋯⋯

「老公，你是油蔴菜籽命，我看你五十歲以前都是『戍守邊疆』吧！蘇武牧羊的西非洲我們已經待過了，南太平洋的美國『澎湖』我們也去過了，那這次再鎮守邊陲到歐洲北極邊上的芬蘭。喂，這裡是你們全世界緯度最高的據點耶！」

我話沒說完，他直催我一道出門去買雪衣⋯⋯

幾年後，在赫爾辛基家裡整理檔案，赫然看見當年離開台灣前，曾經寫下介紹芬蘭的兩頁文字。

「天啊，我寫了啥啊？」

寫她高度的國家競爭力、發達的資訊通信產業、十八萬多座湖泊的「千湖國」、森林是她的資產、不錯的社會福利制度、良好的教育政策、出眾的音樂表現⋯⋯

嗯？當時，隨手讀讀寫寫，也能掰出兩頁？這潛藏的心理因素，是一種要為芬蘭抱不平的義憤。

但我卻問自己，怎麼當初這麼想多懂一點芬蘭，但真正在芬蘭住了下來，卻一直未能再下筆去多寫一些觀察和體認？四處走訪、蘊釀許久，覺得還有許多不瞭解的心虛，所以凡事百般求證、多找實例，不要寫壞、寫擰了，造成大家對芬蘭的錯誤認識。愈想、心愈慌，竟隨手將手扎扔進抽屜，瞧都不敢再多瞧一眼！而且，那文字好生硬，只有條列的事實、標題。有數據，但沒情感，有說明，但沒生命。

「來了北國五、六年，到底是愈看愈模糊，還是愈見愈透徹呢？」

「到底是旁觀者真的那麼清，還是很多事物與看法，不再只有黑與白這麼簡單？不是只有三言兩語、四段五篇，幾個PowerPoint簡報就能說完弄懂的，需要再深入的以真實經驗，找出更多佐證？」

這聲音，不停的在心底迴盪著。

想想自己不是用純學術眼光看芬蘭，而是人在芬蘭，自然而然一家人就浸染在這國家的社會、人文、教育、藝術、旅遊等最真實、最人性不過的情境裡。

好多事，看起來必須身在其中，才能知其所以然。一個地方待得久，就比較能夠以她的文化和在地人的心態，看到其社會的深層面。但，有時一個地方待久了，卻也可能反而失去從外人角度看事情的敏感度。我身為異鄉人，希望能從文化差別的角度和心境，對芬蘭的裡裡外外，探究更深一點。

這麼一想，我心裡釋然多了。

或許，當我還沒真正踏上北國之前，隨手寫下的，是一種有距離的霧裡看花。就宛如一對戀人的初識，總有著或多或少不太實際的迷幻。

旅居幾年之後的心境，宛若是現實夫妻，柴米油鹽本為最真實不過。難怪戀愛與婚姻有著差異，現實與幻想總有著距離的美感，不到真的年復一年的去生活和體會，總難以經歷「看山是山，看水是水」的心路轉折。

初到芬蘭

出發了，一家四口的大小行囊，真是可觀！

這種舉家拔起，再到新地方去生根的國內外搬遷，這些年來我已經做過無數回了；說熟悉嘛，是懂得一些方法，但環境變遷與異鄉文化的適應，總要點「鼓起餘勇」的自我激勵。

當時，我們家兩位姑娘；一位七歲，一位不滿五歲。

「媽咪，我們要飛多久才會到聖誕老人的家啊？」女兒們心急著問。

「蠻遠的喔！得坐上十多個小時才會到……」從台灣一路飛到北國芬蘭，我們行經歐洲其他地方轉了兩趟飛機。

如果直接從南方殺到北國，起碼得坐一整天飛機，再加上轉機的疲累和氣候落差，真不知要耗費多少體力。最後決定，先在英國轉機待個幾天。

二〇〇三年一月，我們全家從氣溫七八度的英國倫敦，飛到了北緯六十度的芬蘭首都赫爾辛基。當時才下午四點，機窗外已是漆黑一片。班機落地時，透過機窗只見大雪疾馳，不遠處依稀矇矓的黃褐色跑道光影，映照滿地積雪的停機坪。狂風吹趕著大雪，以近乎四十五度斜角直接灑撞上機窗，看著看著，心裡一沉，雖然一方面很雀躍能來到這個全球緯度僅次於冰島首都雷克雅未克的芬蘭首都，但心中的忐忑、迷茫，卻也一時難以言喻。

全家拿齊一堆行李，走出不算大卻整潔清爽的機場大廳，立刻感受到這個北方城市，顯然與倫敦有著極不相同的冬天！直撲面龐而來的飛揚白雪，加上攝氏零下十幾度的「超」低溫，使得才剛從氣溫零上倫敦飛來的我們，已經接受到第一場文化震撼，不對，應該稱是「氣—候—震—撼—」！

兩個女兒卻非常興奮，直撲雪堆，在倫敦她們看到的叫做霜，這裡卻是她們生平第一次見到雪，而且是數不盡的白淨雪堆！但對於辛苦推著行李車在濕濘雪地掙扎前進的爸媽來說，這只能稱之為「恍如隔世」！

仰頭望著黑濛濛的天，再埋頭推著車，掙扎而過滿地銀白皚皚的雪，心中燃不起絲毫浪漫之情，還要擔心孩子們在零下十幾度的天候會著涼感冒。對於即將在芬蘭展開好幾年新生活的我們，心中難免迷惘，畢竟，來到這麼嚴酷風雪與冰寒的國家，是我們人生行旅的第一回。而對於會開啟什麼樣的生活與求學樂章，一時之間，我們完全無法預期，更失去了掌握自我的信心。

「北國到底會多冷？這樣的寒冬會持續幾個月？白晝究竟有多短？漫漫黑夜有多黑？黑上幾個月？」我叨問著先生這些生活中最實際的問題。

「小姐啊，我哪知道呢？咱的『生活經驗值』，不是一樣嗎？」他無奈的說。

這一連串問題，在心中盤旋著，讓我一直對芬蘭有著無止盡的好奇，也成了這六年「求知」動力的活水源頭。

黑夜飛雪的極圈小機場，很像當初一月深冬抵達芬蘭的景致

「安居」難不難？

雖然舉家遷移的經驗不少，但初到異鄉的「新鮮人」，每天一張開眼，還是迫在眉睫的要弄清楚天南地北、居家環境、工作業務、學業銜接、申辦證件登記等等大小雜事。

生活中有太多實際層面，等待捲起雙袖去動手！一踏進芬蘭，行旅者的浪漫夢幻已憑空蒸發，短期過客心理，從不曾出現。雖然，到底要待三年或五載無人知曉。雖看似「大船入港」安定了些，卻因每一任期的時間長短不定，對未來不免有潛在不安，深恐好不容易才建立起的堡壘，又將在不久之後，再度連根拔起。但無論如何，生活仍必須以「長治久安」的心態來面對，而「安家」和「就學」，就成了我刻不容緩的大事。

離開台灣時，大女兒在台北唸小一，小女兒讀幼稚園中班。我們希望孩子到芬蘭都能順利入學，不要因為幾個月的搬遷忙亂，而延誤了就學的時間。

抵達芬蘭的隔週，大女兒順利進了赫爾辛基國際學校就讀。先生除了清晨搭地鐵送女兒上學外，就是鑽進辦公室裡開始面對他的新工作；我則和小女兒在先生芬蘭同事的協助下，每天從暫時棲身的出租小公寓出發，一起冒著零下十幾度的寒冬冰雪，尋找長期住所。

對全家每個人而言，這是個嶄新的生活，而一切就從芬蘭的嚴冬開始……

剛到赫爾辛基的前二十天，我們住在市中心一間小型的短期出租公寓，但只要長居的住所一天沒有著落，每天就得貼上數十歐元不等的住宿費用差價。每回跟著先生的工作調動到任何一個新的國家，大概都會先住在旅館或是像這種小公寓三週左右，且時間長短，依照尋覓新房舍的速度來決定。

本來興致勃勃和我一起東看西找新居的小女兒，後來因為零下十來度的戶外跋涉，有天終於說：「媽咪，我不想再跟妳去了！」

氣候，對於我們這種北國新鮮人來說，是嚴酷的考驗！我都不舒適了，更何況是不滿五歲的她。

小女兒每天陪我走上好一段路，雖然有時會搭一段電車或是地鐵，但只住過熱帶與亞熱帶國家的她，每當風寒刺骨，雪花直接飄打在臉頰上，走起路來就倍加狼狽辛苦。我看她這樣每天跟著走，多少有些於心不忍。只是，那時候的我，就是一股腦兒的衝，不是真的忘了嚴寒，而是一心一意想儘快找到住所「安定」下來。

二〇〇三年二月初，我們搬進了赫爾辛基的新家，是距離市中心不遠處的一棟公寓。

赫爾辛基國際學校

大雪紛飛的赫爾辛基

安家是大事

搬進新居兩週，我們從台灣運來的行李終於抵達家門。北國赫爾辛基的二月天，雖然白晝已稍稍然隨著每日增長三分鐘，但室外依舊刮風飄雪，零下十幾度！每回搬遷來去，只要看到傢俱能如期的平安抵達，心底總會感念到淚流滿面，直呼謝天謝地！

貨運公司五、六人，不畏天冷寒風，扛傢俱、搬箱子、抬鋼琴、拆外包裝等，一整天頻繁進出積雪結冰的街道與門廳之間，卻未產生滑倒事件，看來他們對於這樣的天候與工作，早已習以為常。我們迫不及待的跟著搬運人員前前後後的收拾，但真正要使各樣東西就定位，還要花上好幾天，甚至幾週的功夫。

從賣場買回幾座燈飾，看著屋內及廚房間大小天花板上外露的接連線路，一時間真是半點功夫也沒，店家說：「就這樣接，那樣弄，OK？」乍聽之下，似乎有一點懂，等到真正上陣，又不免哀哀叫：「客廳的這盞大燈，到底怎麼裝啊？」

由於這裡的人工很貴，先生的芬蘭同事，自告奮勇主動說要來幫忙裝燈，我們看著兩位女士，三兩下就將三盞燈具裝好，我直呼神奇，也對芬蘭女生駕輕就熟處理電器的能力，印象深刻！

可是，買來的燈，有三盞與天花板的燈座規格不符。我買了有著現代造型的新式燈具，但房舍是八十多年的古屋。我們哪懂這些呢？裝個燈，都這麼有學問。換個國家，好像就得換個腦袋。唉，只好運回店家，重新選購。慘的是，不好意思再請同事幫忙，只好自己硬著頭皮上場。先生每天下班之後，我拿著手電筒照明，他皺眉疲累的在北國當起水電、拼裝傢俱的雜工，直到我們逐漸安定下來，他才從此「專職」轉為兼任，偶爾當個修繕工。

忙亂了一個多月，終於將一個「家」安頓好，也再次回到「正常」的生活軌道。但每次只要回想到這些搬遷來去、安家整頓、添置設備車輛的歷程，不是腳軟，就是手軟，要不就是偏頭痛。

整個家，從台灣拔起再安置到國外，再從國外拔起回台灣，每隔幾年就要來一次，各種各樣的家當，浩浩蕩蕩的跟著飄洋過海，在跨洲際間穿梭來去。不僅傢俱的折損率高，一些生活用品及紀念物，不免來個刮痕挫傷。實在搬不走的車子，和電壓不同而不能跨國使用的各類電器用品等，也都換了不知幾回。在兩地之間搬遷，總好似脫了幾層皮！但逐漸完成之後，也宛若嚴冬後乍見初春，更似破繭而出的蝶蛾，鬆了一口氣。只是那蛻皮的艱澀過程，點滴在心頭……

聖誕老人之家，跨越天際的那條線就是北極圈

幾週後，當我才正好像重生一般的稍稍舒緩下來，大女兒卻突然大夢初醒的問我：「媽咪，我一直以為，我們來芬蘭會住在像愛斯基摩人的冰雪屋（Igloo）咧！所以，我心裡一直很期待，但又好害怕。沒想到，我們最後還是住公寓！」看她這麼天真無邪的問著，我忍不住笑了起來……

難怪，有芬蘭的教育學者在介紹芬蘭時，對大家說：「喔，我們芬蘭人可不是全都住在和聖誕老人一樣的北極圈喲！」

其實，所有的芬蘭房舍，不論是公寓或是獨立住屋，都設有雙層窗戶和運行相當良好的暖氣系統，室內與室外的溫度，有時真有天壤之別！假設室外零下二十度，而室內是二十二度，那內外溫差不就高達四十多度了嗎?!

來北國的這幾年，每年一連五、六個月的冬季，真是嚴酷又漫長。對於漫漫長冬的國家，室內的確是溫暖與快樂的堡壘。對於四處為家的人生，我總認為每段旅程要能精彩、豐富，那「家」必然是能夠支撐自己心靈的最大力量，不論是她的擺設、氛圍、調性，還是那份隨之而來的心中溫情與安定。所以對我來說，「安家」永遠是搬遷中的大事！

女兒以為到芬蘭會住在冰雪屋裡，這冰雪屋攝於拉普蘭的薩里塞卡（Saariselkä）

全身武裝，玩雪去

雖然沒住進冰雪屋，但大女兒每天到赫爾辛基國際學校上課時，小學部與幼稚園的孩子們，都得先在戶外等候學校開門。

早上八點半，天還沒亮，零下十幾度的天候，冷得讓人顫抖瑟縮。陪著孩子在等學校老師集合的大人們，總是佝僂著肩膀、手插在厚大衣的口袋裡、腳在厚雪靴裡跺步。但一群群孩子們就好像放羊吃草的在雪地上玩了起來，堆雪人、做雪球、滑雪坡……停不下來的追跑跳！

他們彷彿「全身武裝」的穿著連身式冬季外衣，戴著厚毛帽和雪地手套，大家玩得滿臉通紅、氣喘吁吁，管他零下五度、十度、十五度，那似乎是大人與新鮮人的煩惱。一群群包得像肉粽的孩子們，照樣玩，照樣瘋！起先，以為讓這麼幼小的男女生在嚴寒的戶外等候開門，真有點欠人道考量，但不久就發現，原來這不是國際學校的特殊設計，而是芬蘭的傳統。

三月，小女兒也進了一所英語的國際幼稚園，每天不管零下十幾度，只要不低於零下十五度或大風雪，老師都會帶著全園小朋友，到對街的海灣公園裡「放風」兩三回。零下的氣溫，冰雪覆蓋的公園，呼嘯而過的陣風，對我們這款亞熱帶地方的人們來說，好玩嗎？能玩嗎?!但這裡，只要下課了就是要出去戶外，呼吸冷到不行的「新鮮空氣」，讓孩子們玩！

中小學生下課時，很少會待在教室裡。依不同市府與各學校自訂的課程，通常芬蘭孩子每節四十五分鐘課之後或是每兩節課後，就必須下課休息十五至三十分鐘不等，出去呼吸新鮮空氣，轉換注意力。

這也讓初到北國沒經驗的我們，花了好長的一個冬季，去調適自己的心疼，老是想著孩子承受的風寒，結果孩子卻快活得很！

芬蘭的孩子，從剛出生沒幾天的嬰兒，就被爸媽推著嬰兒車帶出來吹風受凍，大家都是從小開始去適應天候，因為這是他們的生活環境，培養適應力是代代相傳的生命成長歷程。

芬蘭雖然冷，孩子也必須在課後出外透氣玩耍，但室內的暖氣溫度從來沒有少過，總是保持在二十來度的溫暖舒適。這些基本設施與保暖，就務實的北國來說，卻相當重要。畢竟，有基本且良善的安全生活環境，才能啟動孩子、大人、機構組織的運作能力，更是人們應有的社會福祉。

常見到幼稚園的孩子，穿著碩大膨鬆的連身雪衣一起外出，套上一件鑲有多片螢光反射條的交通安全背心，由老師帶領著在固定時間到公園、森林報到。事實上芬蘭長達半年的寒冬，不這麼做，只待在屋內悶著取暖，加上每天只有短短幾小時的白晝，大家很難不得憂鬱症啊！

雪地上玩耍的孩子們

在芬蘭，很少因為風雪與酷寒而停止上班、上課，一年有六個月冬日，大家早已練就一身禦寒的因應功夫。低年級的小朋友們套上吊帶式的雪褲或連身式雪衣，穿戴著質地不錯的防水厚實雪鞋和手套，一身行頭不僅防風、防雪、也防水，連頭套也大有學問。

孩子要在零下氣溫的室外玩上幾十分鐘，整身雪裝行頭，說起來很多樣而複雜，想要完全搞懂，必須花點功夫。每次幫女兒們穿脫雪衣，都費時耗力。但不用多久，她們都能自力了，大家在學校有樣學樣，周遭環境一切都是自助式，久而久之這儼然就成了一種芬蘭孩子們必備的生活習慣。孩子們穿好配有反光貼布的厚實雪衣褲、鞋帽、手套等等，全身裹得只露出眼鼻，乍看之下，蠻「腫」的，既不時髦，也不活潑。

穿著螢光黃背心的芬蘭幼稚園孩子們

每次搬遷到一個新國家，就要入境隨俗的去適應。頭兩年，隨著孩子成長，一知半解的買了一堆子冬季衣褲！但之後也從連身雪衣的時代，進步到後來「大」小孩不屑穿連身式，要穿酷酷的上半身雪衣和好看的雪褲。直到現在，大小姐們連雪褲也不穿了，只穿厚牛仔褲。

青少年，哪怕個冷字，愛美，就不怕流鼻水。想不到，這竟然放諸四海皆準！

幾年之間，女兒們長大了，除了雪衣要酷之外，雪鞋也要搭配。芬蘭的青少年，打扮自由又早熟，只能讓女兒們選個自認「時尚」點的行頭，其實，她們對現今的流行嗅覺，已然超越我們了。爸爸不懂，媽咪可不能讓女兒們失望。

深冬三月，湛藍天空映照下的北極圈座標點

芬蘭學校沒有制服

「芬蘭學校有制服嗎？」

「學生要穿制服上學嗎？」接二連三有人問道。

「沒有制服喔！不過……」我深深以為，所有事物必有其深層一面。

這幾年，我觀察芬蘭孩子上學不穿制服。不論是赫爾辛基國際學校，還是兩個女兒分別轉入的芬蘭學校，甚至於芬蘭少數幾所稱之為私立的中小學，都遵循著芬蘭的社會習慣，沒有「穿制服」這檔事。

典型的芬蘭式回答：「我們從來沒有想過制服這個問題！」羅亞（Lohja）市鎮上一所超迷你學校的老師，她和社區協會團體負責人異口同聲說著。

「為什麼要制服呢？」兩位服務於教育界多年的愛諾（Aino）和蒂娜（Tiina）斬釘截鐵的反問。

「不好吧，制服會喪失個人主體性。」待過紐西蘭英式學校的海蒂（Heidi）老師說。

「妳想想看，一穿制服，我就分不清誰是Matti、Aalto、Lauri、Sämi或Pauli了？Not good！Not good！」一所小鎮學校的校長，搖頭笑著說。

校長還說：「我女兒到非洲的學校做義工，竟然要先幫當地孩子募款買制服！因為沒有制服，孩子就不能去上學。」

他搖頭說道：「我和女兒都覺得這簡直是不可思議。」

又偏過頭問我：「請問，教育的根本是什麼？是制服？還是學習？」

校長忍不住接著說：「孩子平常有什麼衣服，穿什麼來上學，不就好了嗎？」

穿不穿制服這檔事，在芬蘭，一點都不複雜。將事物複雜化，一向不是北歐人的特質。

記得在參與芬蘭教委會所舉辦的國際教育研討會時，從一位教育官員的說法，瞭解到不穿制服，和芬蘭的歷史有關。

他說：「制服，是某種集體管制的象徵，它只會引起我們對俄羅斯沙皇統治一百多年的不良歷史觀感，更令人聯想到蘇聯共產威權思維，所以我們立國以來，從沒提倡過學校制服。」

其實，真的去問不同年齡層的芬蘭人，只會換來一臉茫然的「沒聽說過制服」。

我在芬蘭各地十來處城鎮的大小學校和教育機構訪談中，曾遇見一位少有的認為制服也不錯的師長，但當我告訴她別的芬蘭人怎麼看待制服這檔事的時候，她恍然大悟的表示，或許從不訂立制服是真有其道理。

為什麼她之前沒想到這些歷史背景和社會觀感呢？看起來，制服這事，在這裡根本不是個議題。

和國際研討會的與會人士，一起造訪羅亞市的安提拉（Anttila）中學時，我看到十來位分批接待與介紹學校的國中生。

這群十四、五歲青少年，穿著活潑多樣、打扮輕鬆俏麗，成熟、大方、英文流利。當時我心中突然浮現出一個幻影，如果這些中學生，被要求穿上清一色的海軍式翻領百摺裙制服，會是個什麼模樣？

我即刻驚覺這個幻覺的可笑，心底不斷搖著頭說：「不可能！」我不會喜歡他們這樣「變身」！看著這些少了我們刻板印象中的青少年青澀模樣，一個個宛若自然邁向成熟紳士和淑女般的可愛與討喜。

回家後深入想了想，也重新打量女兒們每天自由決定想穿去上學的衣服，我發覺，其實我一直很喜歡這樣的自由自主！雖然偶來她們會為了穿哪一件衣服煩惱嘀咕，也讓我想說，有夠煩喔！但這種情況，少之又少。

北歐的孩子一向早熟、獨立，制服這事，已經是一件不必放在腦海裡的小事了。

但是一個社會，減少對孩子生活與學習上的管制，並不代表完全沒有約束，而是一種「整體」對於「個體」的尊重。很多日常事物，不管制、不禁止，就「見怪不怪」，既然在孩子們之間不是「怪」事，就不用勞煩大人們來管制。

大女兒說，班上有位在芬蘭出生的馬來西亞裔同學，她很愛看日本漫畫，有天問了學校校長：

土庫市一所中學的課堂

「為什麼我們不能像日本一樣有制服呢？」她認為制服蠻好、很酷呢。

校長回答說：「因為，我們本來就沒有這個預算。」

大女兒回來一講，我立刻更瞭解了。不論是因為俄國占領的歷史厭惡感，或是立國以來就尊崇自由、民主、獨立、開明，或許都是芬蘭沒有制服的背景原因。

但在芬蘭這踏實的社會福利國家，基礎教育是憲法規定由國家所提供，不僅學費全免、免費供應營養午餐與教科書、居住偏遠孩子們的交通費也是政府支付，那制服怎麼可能出現呢？

如果任何一所公立學校規定穿制服，那誰要付錢購買？絕對不會是家長掏腰包，而是政府依照提供免費教育的義務，編預算幫學生買。

錢要用在對教育有真正意義之處，有沒有制服，與教育和學習成果真的無關。如果制服只是為了好管理，那學校的教育目的，不就變成是先求管理得好，第二順位才是關注學生學習嗎？

腦海浮現，小鎮學校校長和他曾在非洲做義工的女兒，一針見血的問道：「請問，教育的根本是什麼？」

女兒轉入芬蘭學校

二〇〇二年秋冬之際，在啟程到芬蘭前的一個多月，幫大女兒申請了赫爾辛基國際學校（International School of Helsinki）與英文學校（The English School）；當時我對這兩所學校的差異，所知有限，即便問了幾位朋友，大家也並不清楚她們之間的分野。不過，屬於芬蘭雙語系統的英文學校，在我申請時並沒有名額，所以大女兒順理成章的選擇了國際學校。

赫爾辛基國際學校，就像台北美國學校或歐洲學校，平心而論，它並不是國內許多報導習慣描述成的貴族學校，因為以美式教學體系為主的國際學校，當初會設立，本來就是為了讓美國及世界各國駐外使領館、國際組織與機構，或跨國企業、各類學術、公司、研究人員等子女們，有一個可以通用的教育銜接模式。

她的學費高昂，是因為芬蘭政府的教育補助經費很低，校方主要開支來自學費收入。所以，芬蘭父母要是讓孩子們入學，自然也就得負擔高昂學費。

雖然國際學校的學費高昂，但是許多的國際企業、芬蘭公司或是各國的使領館大多全額補助子女入學費用；所以，費用再貴或是逐年調漲，國際學校的學生總能維持一定數目。

相較於多數家長的學費，是由政府機構、跨國公司、派遣單位全額或近八九成的負擔，我們的情況就不可同日而語了；兩個女兒分別各讀了兩年，前後總共三年半多，加上小女兒先前所唸的國際幼稚園一年半，我們幾乎每年七八月間，就得想辦法湊足這些昂貴的學費。

當時歐元一直高漲，家庭收入相對大幅縮水，學費補助極其有限，對很多派遣在歐洲工作的朋友們來說，子女在國際學校或美國學校就讀的負擔，相當重，而且只會愈來愈沉重。

在芬蘭定居一年多之後，好不容易抽空整理一堆資料，無意間發現當年為大女兒申請英文學校的繳款單；抱著姑且一試的心理打了通電話給校方，想不到三年級正好有個空缺，「你們要不要來試試？」學校秘書問得很乾脆。我一時之間不知如何反應：「嗯，這個嘛……」她追問：「要？還是不要？」我有點心慌的只回了一聲：「嗯！」她緊追著說：「如果要，現在就要做決定。」想起很多芬蘭朋友跟我說過，英文學校的秘書蠻兇的，我當下就說：「好，我們願意。但有什麼入學的條件啊？」

還好我問了，她說：「測驗啊！」這讓我吃了一驚：「考什麼呢？」她一口氣說完：「數學、英文和芬蘭文。」我覺得必須說明：「數學和英文應該可以，但是芬蘭文就不行了，因為我們是外國人……。」想不到她就決定了：「好的，那就數學和英文。」

我一陣默然，心裡放下了一塊石頭。可是，又隱約感到另一個問題才剛開始……

幾天後，我和先生去參觀了英文學校，在走廊上巧遇和大女兒一起跳芭蕾的英、芬混血女孩米麗；我靈機一動要了她家的電話，晚上即刻撥給她媽媽，瞭解學校的情形。

細心敏感的大女兒，見我傍晚時分與別人在電話中談起學校如何等事宜，她當時沒說什麼，但已經起了蠻大的心情變化。

孩子的敏感度出乎我意料之外的高，我通完電話後好一會兒，她突然很不悅的問：「媽咪，妳在做什麼？」我回說：「沒事啊，我只問米麗的學校如何？」

大女兒警覺到我話裡的心虛，突然很氣惱說出：「I don't want to change ! I've just got used to it!」（我不要換了！我才剛剛適應下來！）

我們家平日只能說中文，但當女兒們心急如焚，或靈機一動時，在學校慣用的英文隨即脫口而出。

當時，八歲，小學三年級的大女兒，已經有很強的意志力與個人思想，她一語道破了一艘不斷隨波漂蕩的船隻，好不容易終於在這兩年中停靠了一個她認為可以安然處之的環境，不想被迫再度奔忙換校、換同學了。

她眼角湧現淚光，我真是於心不忍，實話實說了：「芬蘭教育不錯，去試試無妨；不試，我們怎麼知道好不好呢？說不定，妳會喜歡上這所學校……而且國際學校的大門，還是永遠會為我們敞開的，不是嗎？」她慢慢點頭。

「況且，女兒啊！妳還得去參加測試耶，又不一定會上啊，對不對？先試試再說。不試，永遠不會有機會；試了之後，妳至少可以說，我試了。並且，人生多個選擇，不好嗎，寶貝女兒？」我心酸的繼續勸著……

「還有，午餐費可以省下，很貴的學費也可以減輕好多，我們可以把錢做更好的計畫，我們可以做更多的旅行。……」

一直以來，我對孩子動之以情，說之以理，但這一次，想到女兒從出生以來到現在，已經要換第六所學校了，我心好痛……

半小時後，大女兒跑來哭著抱住我說：「Ok, I'll try!」

對於得到女兒願意勇敢的離開同學、離開如魚得水的國際學校，煞那間，我的淚，如澎湃浪潮一湧而出，情緒已然崩潰，我們母女倆抱頭痛哭……

轉學，小小年紀的挑戰

她，小三上，居然要面臨第N次的轉學壓力！好不容易這兩年已經逐漸適應，不論在環境、在語言課業上，我卻又將她自己努力而得來不易的安穩，再次連根拔起！我為何如此忍心？

當時，我的心，如刀割般的痛楚。

入夜後，我輾轉難眠、嗚咽不已，只要一想起女兒的那句：「願意一試……」就捫心自問為什麼一定非要她再轉學不可？這個決定對嗎？好嗎？結果會怎樣呢？我徹夜難眠，淚無止息的沾濕整面枕巾。

新生活的適應，對大人都不容易了，我為何殘酷的讓大女兒在小學三年中，就換了三所學校？我哭到胸口痛得難以呼吸。

這種嚎啕痛哭，好像只發生過我遠離西非洲搬遷到夏威夷後，回想起在非洲艱困度過四年生活，那種僅以身免的心理壓力讓我失控大哭過無數回，但夏威夷之後就再沒有過了。

這回在芬蘭，要不是因為國際學校學費負擔重，我們並不需要讓孩子如此折磨，但是她的乖巧、配合，最讓我心酸、心痛，而再度哭到不行。

當時我們只是單純的認為，有機會轉校，至少可以先省下一個孩子的學費；畢竟，小學階段就必須支付如此高昂的學費，實在荒謬。而且眼見歐元匯率日日高漲，不是身處歐洲的人，無法親身體會這種掙扎。

一個孩子就要花上萬歐元的學費，在海外工作的辛苦錢，多數就用在孩子的中小學，這樣好嗎？其實，身為父母的海外工作朋友們，沒有時間，也沒有餘力去思考這個問題，只要孩子有學校可以唸，能一家人儘量聚在一起，不要分隔海內外兩地或三地，真的就要好好感謝老天爺了。

一切就在人生轉折之間，我們和孩子做了這樣的抉擇，所以必須一起勇於面對；這個改變的確也為我們都帶來特殊的經驗值，更開啟了我與芬蘭教育「對話」之路。因為選擇，所以有不同的收穫，一路走來，絕對有苦、有淚、有笑、有喜。不論歡不歡喜做，也只能甘願受。

我很感謝女兒們，終願在小小年紀時，和爸媽在搬遷人生裡，在學校與同學的變換間，一起放手一搏。也很感念芬蘭的學校，不論是英文學校，還是小女兒後來轉入的瑞蘇（Ressu）小學，願意給外國孩子入學機會。

大女兒轉學之後，短時間內就適應得不錯；十一月出生的她，在國際學校的班上是老大，對於小她大半歲的女生同學總是為了小事爭吵，她覺得好笑。

但轉來芬蘭學制的英文學校之後，因為芬蘭小孩是七歲才進入小學，所以她反而成了班上倒數第二小的。在一群和她一樣都是豬年出生的孩子中，有一天她很滿意的對我說：「她們都跟我很像，很認真（serious）！」

看來不經一番寒徹骨，焉得梅花撲鼻香？雖說如此，但我們還是多少有些運氣。我並不認為孩子非得如此受苦折磨不可，畢竟一切的選擇與決定，只有時機與考慮的不同，真的無從比較好壞。

我並不鼓勵所有的孩子都要如此一搏，而是父母在選擇適合他們轉換學習平台機會的同時，要有同理心的多加付出愛心與耐心。畢竟，並不是每個孩子都一定擁有相同的運氣，但父母的撐持和鼓勵，卻絕對必要。

跨國搬遷生活與跨文化轉換學習的孩子，箇中辛酸歷程不足為外人道。除了新環境的適應外，還有不同語言的學習。家裡兩個女兒很幸運，沒有多久就適應下來了。但孩子們和父母所走過的心情轉換，仍然需要一家人相互打氣、愛護，來渡過這歲歲年年。

到了芬蘭的第三年半，小女兒也從國際學校，轉入了赫爾辛基市立中小學新開設的英語IB（The International Baccalaureate）課程註1；雖然和姊姊唸不同的學校，但她好像早已準備好，蓄勢待發，以為只要姊姊能做得到，她也要表現得有勇氣的樣子。

人生事，總是一回生，二回熟。有了老大的經驗值，面對老二，事事都顯得平順、簡單得多了。

註1：「國際IB課程」（International Baccalaureate Diploma Programme）是由非營利性的「國際文憑組織」（International Baccalaureate Organization, IBO）所設立。IBO成立於一九六七年，總部設瑞士日內瓦；而IB課程與文憑的設立目的，是希望跨國之間移動家庭的子女，能在不同國家的國際學校與當地學校順利銜接就讀。目前已有一千多所大學認可此項國際文憑，而也有十幾個國家的上千所中學已開設IB課程。官方網站：http://www.ibo.org/diploma/

極圈三月天薩里塞卡(Saariselkä)地區的越野滑雪

芬蘭東部的女學生

Chapter 2

芬蘭教育特質

芬蘭教育：「見樹」又「見林」

我一直認為，芬蘭的教育理念與教學方式，有一種和亞洲或俄式訓練上很不同的風格。打個大家耳熟能詳的比喻，就如同大自然森林中的「樹」（Tree）與「林」（Forest）；我們習慣的教育是一種「先見**樹**，再見**林**」，但芬蘭，或不少西方國家的教育模式，則是「先見**林**，再見**樹**」！

「先見**樹**」與「先見**林**」的差異到底在哪裡？

「先見**林**」，能讓孩子先瞭解到整體課程概念與學習目標的全貌。而「先見**樹**」的教育模式，卻有可能在還沒有機會見到森林時，不少學生已經在既漫長又著重於樹的細節過程中，感到疲憊不堪而半途而廢，因而錯過了能透過一株株高聳樹木，望見整座豐碩美麗「森林」風貌的喜悅！

這十多年來，我自己經歷過，也陪著孩子們體驗過不同種類的學習方法與教育模式。旅居芬蘭這幾年，我不僅接觸了芬蘭人如何教游泳、花式溜冰、曲棍球、語言（英文、芬蘭文、法文、德文等）、繪畫、藝術、樂器、音樂、體育、閱讀等，自己也曾經到赫爾辛基大學唸過密集芬蘭語課程。

我感受最深的，是芬蘭或西方式的教育方式不一定是最好、最了不起的，因為沒有任何一種方法是絕對的好，或絕對的差。**但學習過程與效果，卻可能因為基本理念和教育出**

發點不同，而產生了截然不同的兩種結果：「快樂」或「痛苦」！

一位曾在芬蘭唸過高中，而先前也在歐洲國際學校上過學，目前在英國唸建築的日本官員朋友女兒，有一回，與我談起這些年來的教育經驗，有感而發的說：

「其實亞洲與西方的孩子都是一樣的，希望能唸到適合自己的科系或不錯的學校，雖然這些最終目標都相同，但是整個求知與學習過程、方式，卻大不相同！」

北歐國家時至今日，在社會、人文、政治、教育的評比，高居全球，這五國人民的外語能力、知識水平、社會公

北極圈裡的溜冰課

平與福利安全，整體而言也都在不少先進國家之上。當然這並不代表北歐人民天賦異稟、三頭六臂，或者人人是天才；畢竟世間沒有完美的國家、完美的人。在芬蘭住了六年，我發覺，這北國人民，其實和你我一樣的平凡，有天生的喜怒哀樂，有人性的善惡好惡，對於漫長的嚴冬和短暫美麗的春夏，也有看得開的安適，或走不過來的憂鬱。

他們的人民與城鎮，從表面上看來，還真不具備亞洲習以為常的「競爭力」模樣，與先進繁榮的表象！但這些年來，我發現，其實「進步」並不見得都可以用我們習慣的概念與模式來評估，應該平實的去看一個國家與人民水準的平均值，而不是去談論與探究任何特殊建設與特別培養出來的成就！

北歐長期展現出的優質與均衡，讓進行各種全球評量的國際組織與研究學者，年復一年的把排行榜上數一數二的讚賞與肯定，頒給北歐國家。

芬蘭十五歲中學生的教育水準，近年來一直被「國際經濟合作暨發展組織」（Organization for Economic Cooperation and Development, OECD）[註2]評鑑為整體表現首屈一指；國家整體清廉程度，更連續多年被「國際透明組織」（Transparency International）[註3]評定為前茅！這些長治久安的國力基礎，在芬蘭能夠獲得這麼高的國際讚譽，讓世界各國無不爭相前來，一窺「良治」（Good governance）的究竟！

講到芬蘭中學生的高素質和高度評價，難道是芬蘭小孩特別聰慧？每天廢寢忘食的讀書？或是家長每天要陪讀到深夜？還是大小考試壓得學生和老師都喘不過氣來？

其實，芬蘭孩子的上課時數，比起多數國家，都少得多；功課從沒有多到做不完，週末或假期的作業不會讓孩子忙到不能好好休閒。寒暑假就是放鬆休息的假期，甚至，根本也沒有什麼寒暑假作業！

舉例來說，他們在數學的教學方式是在課堂上的演練靈活多元，不是反覆作習題、寫考卷，而是著重題型的理解與課堂的講解，上課時間也不會多占用到其他課程。若能在課堂中讓學生學會的內容，就不需再花額外時間去重覆演算，而是讓學生有自行消化吸收的空間與時間。

芬蘭學生曾多次在數理能力上，和亞洲學生平分秋色，讓歐、美、亞洲等各國，每年都派出不少教育訪團到芬蘭來，想好好瞭解芬蘭老師在學校是怎樣教的？學生在學校是怎樣學的？才能用比大家都少的學習時數，創造出比大家都更平均、優異的成果。

英文教學，其實在芬蘭也是以學校所教的為基礎，市面上沒有林立的英語補習班，看不到各種美語學習雜誌。那，為什麼幾乎赫爾辛基的計程車司機、百貨公司或商家店員、咖啡廳或餐館服務生，甚至連市場的屠夫魚販，都能說著堪稱流利的英語呢？而且不止是首善之區的赫爾辛基，六年來我走訪芬蘭全國各大城小鎮，真正遇上一位完全無法說英文的男女老少，比例並不高！

深入想一想，芬蘭究竟用了多少力氣，讓全民說英語的比例，能如此普及呢？芬蘭學生是怎樣學外文的啊？

如果在芬蘭的課堂學習不需要漫長、苦撐的辛勤啃讀，但成效卻又扎實、優質，而他們中學生的素質高低差距比例，又是OECD國際學生評鑑參與國家中最小的，那她的基本教育實況，必定有值得大家一起探究之處！

所以，我從教導模式作為芬蘭教育特質的開端，到底是要學生先鑽進去研究單一的「**樹**」，還是引導學生看到整體的「**林**」。從基本理念來瞭解這個國家的施教哲學，看出他們在人生哲理上的擇善固執。

註2：「經濟合作暨發展組織」（Organization for Economic Cooperation and Development，OECD），成員共計全球三十八個以市場經濟為主的國家；總部設在巴黎。目前這組織為全球經濟與社會相關統計數據的重要來源之一，並且針對各項經濟指標、勞力、貿易、就業、移民、教育、能源、健康、工業和環境等，經常進行全球研究調查與評估。官方網址：http://www.oecd.org

註3：「國際透明組織」（Transparency International，TI）成立於一九九三年五月，非營利、不屬於任何政黨，總部設於德國柏林。它是以反貪腐為宗旨的非政府組織，在全球上百個國家中，監督政府與民間機構的透明度，進而防止貪瀆。國際透明組織每年定期發布國際貪腐監測指數，舉世矚目。官方網址：http://www.transparency.org

芬蘭教育：「先見林，再見樹」

舉個實例來說，芬蘭的「花式溜冰課」基礎教學，是老師先在一堂課裡示範、教導好幾樣姿勢、技法，且一個動作頂多教八到十分鐘就換另外一個動作。短短四十五分鐘一節課的時間，學生就會接觸到四、五種技法和概念。除了溜冰課，在滑雪、游泳、語言、音樂等許多不同的「學門」教學過程中，都巧妙運用了異曲同工的先「見林」的特色與模式。

或許這對於亞洲家長來說，可能會覺得老師在一個細節，或一項動作都還沒教會學生，或是練習不足的情況下，怎麼能再繼續教新的呢？這種質疑與干預，出自於家長希望每一堂課都要「立竿見影」或「反覆演練」，以確保子女都能熟悉課本和參考書的內容和題型，這樣考試才能拿高分。因為我們慣於每一段時日都要做評比與評鑑，既以考試要求學生，又以考核要求老師，但這樣的情況，反而無法瞭解孩子們是不是能夠學到整體、宏觀的概念，是不是能夠享受多元、跨科目學習的課程內容，無法一窺不同階段的學習樂趣。

如果在「見樹」的過程中，反覆再反覆的練習、考試，而最終目的是要能壓倒周邊競爭者，那學習與教育啟發人性良善的層面，以及希望培養終身學習的目標，反而在孩子年幼的階段，就從制度面上去否定了，甚至進而抹煞了學生對任何一門課的長期學習興趣，與持續瞭解的動力。

每次從台灣到國外，又從國外回台灣，我總是喜歡當孩子們上各類校內外課程的「旁觀者」，從中慢慢咀嚼、思索、體會出不同文化與教育模式所產生的學習樂趣與效果；而樂趣與效果，就決定了這門課或活動，能否真正讓人終身喜愛。

我自己經歷過，也看過台灣小朋友學游泳的過程，一堂課下來可能就是讓大家在池邊雙腿打直的踢得要命，或是雙臂滑啊滑的練習，偶爾帶一點水母漂啊漂的。通常一節課就這般的重覆演練某段基本動作，幾堂課程就一段接一段的了無生趣、制式化的結束了！

可是學生們真的能在課程結束時真正自主游上幾十公尺嗎？會不害怕的在水中載浮載沉、輕鬆換氣嗎？能夠幾趟來回游下來，腳都不會想要踩到池底嗎？有讓大家早早接觸到跳水，那種雙腳一蹬就直接跰進水裡，不管頭上腳下，還是腳先頭後的跳進去？

芬蘭式的教法，是讓大家快樂的先「見林」。基礎游泳班讓孩子和成年人都一樣的在開朗、輕鬆的情境下，先玩水！而不是馬上學「游泳」！不是一直強調要學什麼自由式、蛙式的「標準」動作，而是先讓大家在水波中浮沉自如、快樂逐浪，自然而然的體會到自行換氣、輕鬆泅泳的樂趣！

這也許在我們家長或是教師評鑑會上，可能看到會錯愕，甚至昏倒，因為教學過程居然不是一個姿勢、一種游法的反覆練習、強調標準。有的家長會說，這樣老師會不會太偷懶了點？這樣教法，會有效果嗎？有用嗎？游式不標準，會不會太丟臉了？但眼看孩子們在歷經一段好像沒有真正在「練習」游泳的課程後，她們卻真的好喜愛去上游泳課，不僅學會了游、學會了跳水、潛水，能自信滿滿的在深、淺水區換氣前進，還隨心所欲的從蛙泳變仰泳、仰泳翻成自由式，一舉游上三百、五百公尺！

這種看似既不嚴謹，又不要求動作標準，而用體驗、鼓舞法的「玩樂」教學，卻能讓孩子們真心不怕水、以最自然的方式，如魚得水般的暢游！

也許有人真的比較認同俄式嚴厲操兵的訓練，讓「適者生存、能者出頭」，非人性的將不適者淘汰、貶抑。這種方式，適用於人口多到允許耗損的「大國」，反正，人多不怕嚴選汰換。但對芬蘭和北歐這些人口數目不多的「小國」，教育根本理念在於國家和社會沒有「本錢」讓任何一個孩子被制度早早的去「篩選」，從而貼上「落後」的標籤。

芬蘭及北歐很早就體認到，孩子一旦跟不上學習，如果不從制度面上去特意照顧和鼓勵，那學習與教育就不平等、不均衡，最終就是整個社會要為這些長大之後的孩子們，付出更大的社會成本，更糟的是這些國民素質缺口，即便再投入更多的資源矯正或改善，效果都有限了！

仔細推敲芬蘭的基礎教育，的確是運用了很多元、很重視人性的方法與模式，希望能先啟動孩子們學習上的興趣，以及對整個學門與科目的瞭解，這就是「**先見林，再見樹**」的長處。

在學習初階段，師長們都不是為了一棵棵樹的細部知識與標準動作，在「先見樹，才見林」的教育觀念下，帶著學生反覆演練、一磨再磨；而是**讓學生放寬眼界，經過教育最基本的認知階段，並能建構起日後深入學習、終身學習的興趣**。

人生，真的不是只有一場贏在起跑點的百米衝刺，而是一場與自己賽跑的馬拉松。一段一段的機械式操練，固然會讓孩子們一時之間在分數比個高下，但對啟發與養成一生的學習樂趣毫無幫助；只讓大家害怕輸在起跑點的陰影籠罩下，反而看不到學習過程一片片美麗的學問森林。

「先見樹」的教學方法，讓不少學生在反覆操演、磨練的過程中間，覺得自己沒有

「天分」、缺乏「慧根」、沒有「興趣」，而中輟、放棄了某一項科目與課程，最後讓一片原本可以先看到的美麗人生學習森林，顯得如此遙不可及、事不關己，葬送了學生自然養成中的學習樂趣，折損了理想中的學習成果！

善用「**先見林，再來看樹**」，能讓孩子在漸進式多元化的教學中，看到事物與學門的大致面貌，因而點燃他們持續學習下去的興趣。當他們養成有心持續學習之際，師長們再將需要專研的「**樹**」，一一經過整理後循序深入教學。

大女兒學校的運動會

沒有一種教學方式，是最完美與絕對的。因為，其目的終究都是想要達到某種設定的教學目標。但是不同模式所帶來的學習苦樂程度，以及是不是能讓教育資源發揮到最大效果、人生學習的樂趣能否真正扎根，也只有實際經歷過的學習者才能體會！

二〇二二年聯合國公布的《世界幸福報告》（World Happiness Report），芬蘭連續四年居冠。前十名的全球幸福國家依次為芬蘭、冰島、丹麥、瑞士、荷蘭、瑞典、德國、挪威、紐西蘭、奧地利，北歐五國全部榜上有名。註4

這些大半年處於北極圈附近，深受酷寒和日照不足所苦的國家，其人民的學習、成長、生活、工作等，必定還是有其自得、自信之處，以及讓大家都能平實、自在活下去的風情！

註4：二〇二一年的「世界幸福報告」（World Happiness Report）的研究與調查是由聯合國資助的「永續發展方案網」（Sustainable Development Solutions Network, SDSN）與美國哥倫比亞大學地球研究院發布的，此次報告列出全球一四九個國家與地區的綜合排名。研究者依照蓋洛普（Gallup）的全球民調，根據各國每人平均之GDP（國內生產毛額）、所獲之社會支援、平均健康壽命、人生抉擇自由度、慷慨捐款程度、對政府的信任或政府的清廉等六大指標來進行。

重視教育，百年如一日

芬蘭人心中，到底如何看待教育這件事呢？

我在幾次由芬蘭國家教育委員會（National Board of Education）所舉辦的國際研討會中，一再聽到芬蘭教育工作者對著來自世界各國的人士說：「芬蘭這個民族，從古早開始就非常重視教育了！」而我更經常聽到這段話：「教育在芬蘭社會，擁有很高的核心價值。」

西元一八九七年，距離今天一百多年前，英國作家崔蒂（Alec Tweedie）在《行過芬蘭》（Through Finland in Carts）一書裡，就如此寫下：

「出眾的教育制度，將會確保芬蘭前途似錦！」

"A Magnificent educational system will ensure Finland a great future."

「芬蘭國家的未來，就仰仗她的教育制度。」

"The future of this land is based on its educational system."

她的預言式觀點，在一百多年後的二十一世紀，果真應驗了！一個缺乏自然資源、人口稀少、強鄰環伺的小國，就因為有很深的自知之明，知道唯一能建構起國家未來的，只有人力資源。而良好的教育，就是把人力資源轉換成人才的唯一竅門。因此，芬蘭在十七世紀的典章訂下了規範，凡是即將結婚的夫妻，都必須要會識字，才能步入禮堂；因為教會希望年輕一代都能閱讀聖經，這項規範，與芬蘭擁有高比例的基督教路德教派信眾息息相關。

這種平民大眾與士紳、官員、教會一樣享有平等受教、識字的權利，讓芬蘭從古早開始就開啟了珍視人本、世代扎根的教育之旅。但芬蘭從未訂立任何國教，基督教會的影響力固然無遠弗屆，平等、人權的概念卻是經由教育啟迪人心，不會受到宗教教義與教會部分保守教規與勢力的綁縛。

我行走於芬蘭各地，在大城小鎮上遇到了形形色色的芬蘭人，不論是芬蘭國會的國際參事、小女兒學校的女校長、北極圈裡的高中校長、東南部外來移民居多的小學教師，或甚至是位於西部土庫市政府教育局官員等，都與我分享了這段文化、信仰與教育的歷史背景。

他們異口同聲的說，這段教會半強迫、半鼓勵百姓們一起閱讀聖經的方式，對芬蘭人很早就開始重視教育，有著極大的關連。藉由這項規範與社會群體的制約，芬蘭極為有效的從百年前，就降低了文盲的人口比例。

而芬蘭人在一九一七年奮力爭取獨立之前，有將近八百多年是夾處於瑞典和俄羅斯兩大強國之間。建國後的內戰，和第二次世界大戰兩次對抗蘇聯，讓芬蘭民族認清了要建立堅實的國力，不能讓鄰國看低、欺壓自己，而唯一的方法就是，了解自身的環境與條件後，從各方面不斷的找尋適合自己發展的道路。藉著原本就十分重視教育的理念，更加以平實的態度去逐步培養出一代又一代建構國力的基礎人才。

不躁進、不求速成，只有埋首用心用力去做。能撐持著芬蘭走過百年以來的掙扎求生，以致當今在國家競爭力、國家清廉程度、資訊科技能力、教育成就等各項評比上，成為全球矚目讚譽的焦點，這實在不是僅憑藉著森林與湖泊等天然資源，而是源自深切信念：唯有「教育」才能延續、發展自己民族的生命力！

芬蘭國會的提何能（Paula Tiihonen）博士對我說：「二次世界大戰時，我們這麼小的國家，必須一起肩併肩作戰，我們無法去區分彼此、區分貧富貴賤。」她接著語重心長的說：「也就是這樣，唯有人人都有好教育，我們的國家才會有世世代代的人才，整個民族的前途，才會有希望。」

赫爾辛基一所中小學校長爾雅（Erja）談起二次大戰後的艱困，在我面前眼眶泛紅的說：「當時，我們很窮，教育又不是完全免費的；我們家的教科書，都是三個姐弟們輪流共用。」

夏日的芬蘭森林

從一九一七年獨立的前後，芬蘭就已深覺教育的重要性，但一九一八年內戰結束到蘇聯一九三九年入侵的短短廿年年間，所辛苦建立起來的微薄基礎國力，被二次世界大戰耗盡。戰後芬蘭為了償還蘇聯要求的戰債賠償，必須在重建家園的同時，擠出大量重工業產品送往蘇聯抵債。刻苦、自律的芬蘭人，從一九四五年二戰後的百廢待舉、破敗勞苦，短短七年之間，不僅在一九五二年完全還清了蘇聯要求的戰債，同年也舉辦夏季奧運會，更贏得了第一屆環球小姐選美。

這種戲劇化的民族自信重振，固然讓芬蘭一舉走出被列為戰敗國，和割地賠款的屈辱，但芬蘭此時再次確信的是，國力的基礎唯有靠自己建構，也唯有「教育」，才能使芬蘭社會重生、國力重建，並走出一條自己的路。

不過，二次大戰後的芬蘭教育，曾經採行德國式的十歲分流制，也就是學、識雙軌制。所謂的十歲分流，是在孩子讀小學四年級時，就必須決定自己的前途是升學？還是技職？這兩條「人生」軌道，自此開始即無交集之處。那時芬蘭的社會民主黨派，開始推動改革這種自幼分流的社會風潮，此時，左鄰的「大哥」瑞典也已經開始重大的教育改革，教育改革，芬蘭一如以往，選擇再次跟進瑞典。這在當時的芬蘭社會引起諸多不同意見：

「為什麼一定要學瑞典？」「瑞典的改革也出現錯誤缺失！」

「難道，我們非得犯下一樣的錯誤才行嗎？」

此起彼落的質疑聲浪不斷，芬蘭推動教改的決策在一九六四年至一九六八年萌芽與啟動，將舊有雙軌式「菁英」與「職工」自幼即分流的體制，逐漸取代成為現代化的九年一貫基礎教育。

我對於芬蘭當年推動教改的歷程特別有興趣，因為歷史沿革、教改過程、教育理念落實等等的背後故事，絕對比目前光鮮亮麗的數據，來得更具說服力與精彩動人，也更讓人省思。然而，這些過往，並不會在演講會中聽到，所以我和國家教委會的處長輕鬆談起時，她意味深長，卻又很芬蘭的說：「是啊，我們蠻幸運的，因為我們小心翼翼的避開了瑞典教改大部分的問題。」

這個曾緊跟著瑞典大哥身邊的小弟，果真知道要走出自己的路！教改中，芬蘭注入了獨特的重視平等、均衡價值觀，而一路走來的平實灌溉，在半個世紀之後，讓少有機會登上國際新聞版面的芬蘭，因著優質、平衡的基礎教育成果，在國際社會上享有高度的盛名！

扎實教改，成就了今天的芬蘭教育

芬蘭今日出色的教育制度，並非一步到位的教改，就能讓她平步青雲。是經歷過好幾個世代的激烈檢討、革新與調整。而對今日芬蘭教育影響最重大的改革，是發生於一九七〇年。在當時啟動教改之際，社會輿論也曾因為改變現狀過大，而一片嘩然。

一九七二到一九七七年間，一個全新的教育體制全面取代了舊有的十歲分流制度。芬蘭政府從最北邊的拉普蘭開始，一路往南邊推動。這項改變舊式「學、職兩軌」（Parallel System）永不交集的新學制，就是希望基礎教育能更趨向「眾生平等」，讓孩子們都接受一套完整的教育，一直到十五歲青少年階段之後，才需要去面對「學、職兩軌」的抉擇。但，在今日，即便是選擇了其一，只要學生有心，兩軌之間仍然充滿著彈性。

當芬蘭教育界友人們一提到這段往事，就不免咧嘴笑開。

「為什麼從拉普蘭的羅瓦涅米開始？」我很好奇的問。

「因為，她離赫爾辛基遠得很啊！」

「對啊，這樣中央比較聽不到抱怨的聲浪。」

嗯，我懂了，從地方包圍中央，從邊區向首善之區「進攻」，大概是希望改革的阻力比較小吧！

實施改革的初期，芬蘭各地教育與行政機構其實並沒有任何的教學主導權；比如說，除了少數幾所特別的學校和大學師資實驗學校等，各地方政府並無任何的教育權限，學校必須確實遵循中央政府制定的課程規範。學校老師一切的教學內容與成果，也都必須遵照學校和督學的稽核與考察。

我在約瓦斯曲萊大學（University of Jyväskylä）教育主管學院（Institute of Educational Leadership）的訪談，印象真是深刻；院長跟我說：「妳相信嗎？我當初一畢業開始教書，就拿到一本比聖經還厚的教學手冊，裡頭鉅細靡遺的告訴我要如何教我的專業領域：數學！」

我笑了笑，接著他提高聲調的說：「老天啊，難道我的書是白唸了嗎？我難道連一點自主的能力都沒有嗎？」

這麼多年過去了，他心中那股被體制近乎「折辱」的憤怨，仍讓這位受人敬重的資深教育專家耿耿於懷。

赫爾辛基市區的一所中學校長說：「那本手冊厚到我們哪有空看啊？大家多半是扔在一旁罷了。」

看來這世界的基本道理是相通的；規定的愈多，反彈只會更大，「上有政策、下有對策」，果真非常人性。

我問道：「當時芬蘭是採取能力分班？」

答覆來得很肯定：「是的！」

「那什麼時後開始不再能力分班了？」

「一九八五年終於取消了能力分班，讓所有學生都接受相等的教育內容，更關注學習落後或有學習障礙學生的彈性學習空間。」

「那有比較完整的配套措施嗎？」我更加關心的問。

「有啊，在取消能力分班的同時，提供更多的資源給學校和老師，並確保校方維持小班制。增加各地學校的自主權，讓校方和老師自主決定教學內容。」

往後十年間，各學校相繼採取彈性的學生分組，這不是能力分班，而是讓不同學習情況與進度的學生，可以在較適合自己的組別中，讓老師給予不同的關注，來鼓勵學習的興趣與動力。學生可以在學期中從一組轉到另外一組，直到學期終了，老師再依據學生所參加的組別來評比，而不是全體學生以同一方式和標準來衡量。

這一路推動下來，應該很平順吧？

「在一九九〇年，我們將中央行政監督的權限縮減了！」國家教委會的主委藍金能（Timo Lankinen）說。

教改二十年之後，芬蘭教育界對自我的要求，和實際動手去改變、提升的動力，無形中建構起另一項巨大轉變的基礎。

「中央行政機關解除了對地方教育體制的嚴格規定，不再對教學內容與目標施加過多

芬蘭東部中學的移民學生與小班制輔導教學

的管理，更自由、更彈性。」

「這是一九九四年的教育綱領。」研討會的主講人帕金（Leo Pahkin），拿出這本當年政策大轉彎，決定將教育主導權歸還給老師的核心課程綱要（Core Curriculum）。

「別看這薄薄的一百二十四頁，當時花了將近一年半的時間，才完全定案！」身為教委參事的帕金這麼說。

當今，主管芬蘭基礎教育的全國教委會，只提供各個不同科目的教學目標與內容大方向，實際教學方式和教科書選擇，則完全由各地方教育機構和各級學校，自行定奪。

我一連與好幾位芬蘭國家教委會的官員和顧問對談時問著，到底這兩本（一九九四及二〇〇四）影響芬蘭教育非常深遠的核心課程綱領，是如何產生的？決策過程如何？有哪些人參與研修、制訂？如何劃分各項課程的研修小組？

他們回覆：「綱領的內容是由眾多不同的專業與評估小組，經過非常多次的討論與研議之後，才逐漸訂立下來。不是我們幾個坐在中央政府大樓裡的人就能決定的。」

教委會哈麗能（Irmeli Halinen）參事說：「二〇〇四年的總綱，比一九九四年來得詳盡，所以總共花了三年半的時間。」

一份綱領，曠日廢時、由下到上的方式研討之後，會先把各種初步想法擬成文字大綱，再選擇全國各地五百所不同的學校試辦。經過廣泛蒐集各校師生等多方的反應與迴響之後，再進行修正調整。這像極了商業領域中，任何新產品的上市法則。

一九九四年芬蘭教育開啟的重大革新，讓中央從此只負責釐訂課程大綱，而由地方市府去真正落實，不僅各級教育機構和學校都擁有了充分的自主權，也擴大、深化了教師參與

一九九四年制定的基礎教育國家核心課程綱領

二〇〇四年制定的基礎教育國家核心課程綱領

教學規劃的熱誠與自信。

第一線任教的教師，對於最真實要教給學生的課程內容，成了說話最大聲的主導者。整個體制，從標準的權威管制方式，改成由下而上的「互相信任」。所有的教育機構，成了最佳的教育資源協助者。

「以前的規定是多如麻，明訂老師該如何做、怎麼教、教多少，老師和學校的自由度都很低。現在，不再有厚重的手冊、不再有督學，多了自由，反而進步了。」

今天的芬蘭教育，根據大多數訪談的芬蘭教育學者看法，似乎比較符合憲法規範國民受教權平等的精神，也更能持續不斷朝著綜合式基礎學制（Comprehensive School）去發展。這樣，才能確保人民享有相同的教育機會和教學資源，沒有性別、所得、社會地位和族群上的差異。

芬蘭這一路的改變，對芬蘭人來說，到底好不好呢？絕大多數的人都認為這是非常正確的決定，也十分慶幸當初走上了這條改革之路。儘管這半世紀以來，不免跌跌撞撞，提出的各種教改方案，總有著大小不一的風雨和爭議，但大家有著高度的共識，就是必須不斷的努力為後世子孫，找到一條最適合的教育與成長道路。

在四處探究之餘最令我感動的，往往不在於芬蘭今日閃爍的光芒，而是在於各世代一路走來所經過的心路歷程，與這一段盡心竭慮、扎實推動的轉變過程。

原來，芬蘭，曾平凡無奇，也曾徬徨掙扎。

但回首過往，四、五十年來一點一滴的耕耘與扎根、不斷的評估與檢討，都是希望下一代的孩子能正常成長、國家社會能長遠受益，依持著這樣的信心與目標，才能逐漸打下今日傲人成果和榮景的基礎。

二〇一四年制定的基礎教育國家核心課程綱領，於二〇一六年八月開始實施

全世界落差最小的教育體制

從二〇〇〇年開始，普受國際社會重視的「經濟合作暨發展組織」（OECD）針對全球四十三國中學生，進行每隔三年舉行一次的「國際學生能力評量計畫」（The Programme for International Student Assessment, PISA）[註5]。

到了二〇一八年，全球已有超過九十個國家及經濟體，三百萬名十五歲的中學生參與測試。自二〇〇〇年起，陸續公布的三次的評量報告，讓芬蘭這個看似不起眼僅存五百五十五萬人口的「小國」，躍升國際媒體和全球教育工作者的目光焦點，原因就在於芬蘭學生的整體表現太出色了！

芬蘭學生們不只在閱讀、解決問題能力項目上的評比排行高居不下，在數學、自然科學等項目，也和大家習以為常認定數理能力比較強的亞洲學生旗鼓相當。更可貴的是，二〇〇六年OECD評量計畫的五十七個參與國的學生中，沒有通過PISA測驗的平均比例超過百分之二十，但芬蘭學生受測的失敗率卻不到百分之五！這種均衡的教學成果，不僅讓學生得以在「人文」和「數理」兩大範疇之中正常遊走學習，還顯示出城鄉與貧富之間的教育資源與平等受教的差異，相當之小！

「世界上落差最小」的教育體制評量成就，讓芬蘭，舉世驚豔！

本來大家連芬蘭在哪裡都搞不清楚，突然吸引了世人的好奇目光；一連好幾年，世界各國的大小參訪團體蜂湧而入，一心想要瞭解芬蘭教育成功的祕訣何在？

一團接一團來參訪，多到讓芬蘭教育機構應接不暇，其中來自西歐國家像德國、奧地利、法國、英國、西班牙、義大利、荷蘭、瑞士，甚至像北歐鄰居的冰島、丹麥、挪威，以及大西洋對岸的美國等等，都派了無數的參訪團來芬蘭「取經」，更不用說來自亞洲的日本、韓國、馬來西亞等代表團了。

看來不分東西南北、不分種族膚色，大家都急於想知道，芬蘭是如何辦到的!?

芬蘭的教育成就始終被OECD高高舉起，絕非僥倖與偶然。

大家開始平心靜氣的思索，十五歲的中學生要能達到良好的測試與評量成績，需要從幾歲開始「打基礎」？若沒有持續不斷的良好教育，與老師長期、良性的啟蒙與培養，怎麼可能在一夕之間，就能有如此出色的表現呢？

美國《華爾街日報》（Wall Street Journal）記者曾寫了一篇〈什麼原因使芬蘭的孩子如此聰明？〉（What Makes Finnish Kids So Smart?），報導中對於芬蘭中學生的評比十分讚揚，讓一向對教育非常自負的美國媒體和教育學者們，也都想試著尋找出芬蘭教育如此均衡的原因。

只是，當所有來到芬蘭的考察者，發現芬蘭沒有所謂的「資優班」、孩子滿七歲才入學，學校沒有制服、沒有督學、毫不標榜菁英培養、考試次數不多、學校不做排名、老師不作績效考核等等，一一打破他們原先的看法，更加地使他們好奇。

其實在芬蘭，青春期的學生，從小六起，女生們就開始畫淡妝，塗睫毛膏或挑染頭髮，所有青少年們該有的青澀、自我，芬蘭孩子都有。但師長卻任其自然發展，沒有人去刻意禁止、管制，反倒鼓勵孩子們表現得落落大方，成熟自得。

這些年，我從芬蘭孩子們的身上聽到、看到，也了解到他們喜歡看的許許多多美國電影、電視影集，喜歡聽的流行歌曲，以及讓他們風靡的流行服飾、電玩、社群網路等，都青春十足的跟得上世界最新潮流。

然而，世界各國教育體系和師生群體所擁有的多種焦慮、競逐，在芬蘭卻都歸於最根本的人性化思維，以行之自然、不急不徐、不爭不搶的基本理念貫穿整個基礎教育。在芬蘭教育中，學校與學校，不會去做無謂的「競賽」、「排名」，學生與學生，老師與老師，更不會做原本起跑點就不公平的較勁；所有的評估與考試，都是為了讓學生知道從哪裡去自我改進，提供日後成長的基礎與學習能力進步的空間，從來就不是要去挫折學生與老師的士氣，和成為譏評他人落後、不長進的工具。

報導引述了一句OECD派駐巴黎官員史來瑟先生（Mr. Schleicher）的話：

「多數國家的教育，就像是汽車工廠；但是在芬蘭，老師卻像是真正在開拓的創業家（entrepreneur）。」

註5：「國際學生能力評量計畫」（The Programme for International Student Assessment, PISA）是由「經濟合作暨發展組織」（Organization for Economic Cooperation and Development, OECD）於一九九七年正式創立，此計畫由OECD會員國參與，同時開放給非會員國參加。這項規模龐大的國際評量，每三年舉行一次，針對全球參與區的國家級經濟體中的十五歲中學生的數學、科學、閱讀等項目，進行持續、定期的國際性比較測試研究。

冬季下課時間的孩子們

芬蘭教育最可貴之處

在羅亞鎮上參觀一所只有三十位學生的學校時，銀髮灰鬚、和藹溫文的校長笑著跟我說，有一次來自摩爾多瓦的參訪團很不解的問他說：

「那……可是，誰來管控你們啊？（Who controls you?）」

校長接著自己就笑開懷的說：「誰都不會來管，我們自己管自己啊！」

當制度上了軌道，體系內的所有人只要各司其職就好。當世界上許多國家以「大量製造」的方式來教育下一代之際，芬蘭卻在幾十年前就選擇回歸「人性」最基本面，不鼓勵、不強調學生從小就與人爭，而是去啟發、協助每個孩子找到自己的生命價值，同時建立可以一生追尋的正面學習心態。

芬蘭人總是不斷的跟我說：「我們尊重每個獨立自主的個體，因為我們非常需要各種不同的人才（We need every Individual）。」

芬蘭建立了水準一致、免學費、提供溫熱午餐、以及配屬特殊輔導的教育體制。這些平等、均衡、高品質、城鄉差距小、學校不排名、好老師分散全國各地等林林總總因素，一起構成了芬蘭各級學校之間差距小的重要關鍵。

當然，取消督學與教師績效考評，讓地方政府自治、教師自主權至上、中小學教師具備碩士學位、幼稚園教師學士學位、中小學生養成獨立自主人格、中長短期的特殊學生教育輔導、強化身心障礙人士的撫育教育、為特別的學生安排個別輔導課程或甚至量身訂作、高度尊重多元文化、強調重視母語與閱讀等等，都成為全球各國日漸耳熟能詳的芬蘭教育特質。

不過，芬蘭的教育專家同時一再強調，突顯資優學生和菁英教育，並不會對整體教育帶來最好的結果；相反的，只要善加鼓勵資質優異的學生來幫助一般或落後的學生，使資優生瞭解人與人之間的差異，這不僅不會影響資優生的學習，反而有助於群體社會的平等發展。同時專家也認為，當學校老師覺得自己擁有改變社會的能力與參與感，整個教育體系就會有向上提升的動力。因此，老師的養成訓練，必須包括了解各個學生的差別，與這些差別所產生的學習需求；這樣才能讓教師了解到教育責任不是照本宣科上完課就好，而是以同理心愛護照顧到個別學生，如此一來，整體社會才能有消弭學習落差的機會。

芬蘭憲法明訂了人民有受教育的權利，而政府則有提供教育的義務。因此芬蘭教育體制內非常尊重每一個孩子，也認知到學生的理解進程本來就不盡然相同，所以希望在正常教學時程之中，讓同一課程但學習進度不同的學生，另外彈性編成不同授課組別，以因材施教的方式鼓勵學生按照自身學習能力，一起邁向最終學習成果的目標。而學校內的輔導教學，就是為了老師能在最快時間內，找出學生的問題，或是能有效改善問題的方法。

但芬蘭這麼少的上課時數，學校也不舉辦、不提倡課外補習、輔導的情況下，為什麼芬蘭教育的成果還能如此平均而優質？

歸根究柢，教師的訓練扎實，在小學到中學階段，把學生應該建立起來的閱讀習慣、數理解析能力、日常生活技能等等，在課堂上各種多元的課程裡，有系統、讓學生有興趣的瞭解與認識。不用靠著不斷考試、反覆練習而產生的填鴨式教學與壓迫環境，讓多數認為非資優的學生與家長們心生畏懼，而苦苦唸書。並且，芬蘭教育著重理解、探索原理，希望孩子們透過教育，知道大部分知識的源起，學會知道要問「為什麼」。鼓勵孩子多問、多瞭解事物的所以然，而不是為了應付考試而反覆訓練，更從不教導任何快速成功的訣竅。

芬蘭人深信，「基礎」最重要，只有基礎穩固，日後建構起更高的樓層才會穩固。因此，芬蘭願意花費許多的人力精神在基礎教育之中，儘量讓跟不上進度的孩子，或是一時學習緩慢的學生，都能有額外的輔導、關懷和資源挹注。

芬蘭教委會的教育參事帕金曾在國際研討會時說：

「今天的芬蘭教育，是過去三十年來的成果，不是一夕間的產物。」

他隨後又開玩笑的說：「我們的教育改革，看起來好像什麼都沒有變，但其實是什麼都變了。」

我深刻體會到整體芬蘭社會對教育的觀念都一起改變了；因為，唯有思想更進步，才能創造出新的價值。

工作時數少，上課時數也少

美國《華爾街日報》拍攝了一部美國與芬蘭中學生之間，學習成果差距的短片。影片中特別以圖表顯示出芬蘭中學生成績高低程度的落差只有百分之四點七，但美國學生的差距卻是芬蘭的六倍，並高達百分之二十九點一！此外，英國的落差是百分之二十三點五、澳洲百分之十九點八、泰國百分之二十五點六、墨西哥百分之二十五點五。

如此小的落差，大家一定充滿著好奇，是不是芬蘭老師把學生「操勞」得很緊？課業會不會極重？每天回家的功課要寫到半夜？學生是不是都承受了老師和家長很大的壓力？暑假要不要去上課輔班？父母會不會跟著一起神經緊張？

其實，芬蘭中小學生當時的上課時數，是OECD評比國家中相對少的；芬蘭中學生平均每週會花上超過四小時以上讀書的是百分之二十點四，而美國學生則是百分之五十點八；芬蘭中學生每週下課後平均會花時間練習四小時以上數學的只有百分之二，而美國中學生卻是芬蘭的七倍，高達百分之十四；但成果顯示，芬蘭中學生的數學平均表現不僅超越美國，也並不比亞洲國家差。

我相信，每個人都希望能夠追求快樂又有效率的生活與學習方式。先不論芬蘭的教育制度如何優質，但有個不爭的事實是，她的教育預算與別的國家相較之下，不是相對最高的，她的上課時數是相對最少的，但卻能以平衡、平等、學生壓力小、教育不扭曲基本理念的成就等，在國際社會教育評比上，表現突出、亮眼。

芬蘭沒有三天一大考、兩天一小考，中學階段也從來沒有必要留到晚上七、八點，更沒有週末要去上學的私立學校，他們的暑假一放就是兩個半月，而且少有暑假作業。我曾以為這大概是最長的暑假，但後來在芬蘭小學四年級數學課本的習題中發現，有些南歐國家的暑假可是長達三個月之久呢。

在一次芬蘭教育的國際研討會中，日本教育界人士憂心忡忡的說：「你們暑假放了兩個半月，對我們來說，真的太長了，不可能仿傚，因為我們只要一放超過兩個星期的假，學校就會開始擔心孩子們無法收心唸書了。」

有趣的是，當時芬蘭地方市府的教育官員回答說：「法國一度就是擔心孩子週末放兩天

芬蘭夏日的帆船出遊

假會玩瘋了，所以有很長一段時間，週六還要上學。」全場一片抿嘴的微笑。

在芬蘭，中小學生放兩個半月的暑假，大學生放三、四個月不等的暑假，各機關人員放一個月，許多公司行號也多少會休上一個月多，不少餐館更在夏日期間完全不開門。整個赫爾辛基市的街頭人潮，有好幾成是外國觀光客。

到底這些假期，放得多不多、長不長？他們是不是在浪費生命呢？還是，芬蘭人真正體會，也實踐了，休息就是在充實生命能量之後，再出發呢？

當大家都能夠體會到，北歐人在漫長的冬季之後，對於美好夏日的重視，所以渴望卯起勁來放空心靈、吸收陽光與清新空氣，就能真正產生同理心，瞭解為什麼需要放假、休息。畢竟人無法與大自然搏鬥，也無法和長期積累的疲憊、黑暗抗衡，只能改變自己的生活方式與步調，為自己和群體做更完善的規劃，如此，大家都能安心的去休假。

「夏天對我們是珍貴萬分的，兩個半月一點都不多，我們以前還放三個月呢！」另一位芬蘭教育官員，接過麥克風如此答覆了日本高中老師。

當時來芬蘭多年的我，坐在會場後方一直點頭稱是，芬蘭教委會資深國際顧問哈娜（Hanna）轉過頭來對我笑著說：「妳待得夠久，絕對能感同身受。」

芬蘭式的自我管理

北歐的孩子，因為外在環境、社會與教育的關係，顯得格外的獨立自主。

芬蘭學生上課，通常沒有固定的時間，今天早上八點的課，明天可能就是九點或十點才上課。不僅上課時間不一，連下課時間也不會每天相同。這樣的系統，始於七歲，也就是小學一年級。（見左圖課表）

大女兒六年級時，有一學期是每週兩天八點、兩天九點、一天十點的課；而下課時間則分別是一點、二點、三點。當時小四的小女兒，則是四天八點的課，一天九點的；下課時間分別為十二點、一點和兩點。她們每學期的上課時間多少會作些變動，而每一個新學年的課表也必定會調整。就算是兩個孩子就讀同一所學校，也不會在每天相同的時間上下學。

自從兩個孩子分別進入芬蘭的教育體制後，幾年下來，我總是被她們不斷調整的上下學時間表，搞得眼花撩亂。可是，孩子們卻清楚的知道每天的作息，小女兒九歲時曾經有三天都比姐姐早半個小時出門，她竟然沒有怨聲載道。倆人就這麼各自算好起床、出門和上下課的時間。無形之中，孩子們早已學會充分的自我管理，當媽咪的我就在一旁看似有點失控，但卻瞭解到姊妹倆，已經奠下自我控管時間與行程的能力。

這種看起來教學與課程都有點複雜化的課表，卻在芬蘭全國各地實行著，他們對孩子自行按不同課程時間上下學，覺得理所當然並不以為意。因為，芬蘭教育理念認為，這樣反

<table>
<tr><th colspan="6">大女兒六年級上學期的課表 - A組學生</th></tr>
<tr><th></th><th>星期一</th><th>星期二</th><th>星期三</th><th>星期四</th><th>星期五</th></tr>
<tr><td>1 08:15-09:00</td><td>法文 A</td><td>法文 A</td><td>英文 A</td><td></td><td></td></tr>
<tr><td>2 09:05-09:50</td><td>音樂 A</td><td>英文</td><td>數學</td><td>芬蘭文
外語課</td><td></td></tr>
<tr><td>3 10:15-11:00</td><td>數學 A</td><td>芬蘭文</td><td>芬蘭文</td><td>生物</td><td>歷史</td></tr>
<tr><td>11:25-11:45</td><td colspan="5">午餐時間</td></tr>
<tr><td>4 11:45-12:30</td><td>芬蘭文 A</td><td rowspan="2">視覺藝術 A</td><td>英文 A</td><td rowspan="2">工藝課 A</td><td>歷史</td></tr>
<tr><td>5 12:35-13:20</td><td>數學</td><td rowspan="2">體育</td><td rowspan="2">電腦課 A</td></tr>
<tr><td>6 13:40-14:25</td><td></td><td>倫理或宗教</td><td>英文 A</td></tr>
<tr><td>7 14:30-15:15</td><td>芬蘭文
外語課</td><td>工藝課選修</td><td></td><td>數學</td><td></td></tr>
<tr><td></td><td></td><td></td><td></td><td>德語課選修</td><td></td></tr>
</table>

註1 所有課程後面標示的 A，是小組別上課。

註2 大女兒的芬蘭文外國語 (FFF)每週有兩節，以學習外國語的標準來上。

註3 大女兒學校是芬、英雙軌，所以她也必須要跟著其他同學一起上芬蘭文課。

註4 工藝、德語、電腦皆為選修課程。

註5 上學期上生物課，下學期上地理課。

註6 芬蘭各地學校的午餐時間，因為餐廳空間設計無法一次容納全體師生，因此學校通常會分為五、六個不同的時段，按照年級依序用餐，年幼的優先。

<table>
<tr><th colspan="6">小女兒四年級上學期的課表 - IB 英語 A 組</th></tr>
<tr><th></th><th>星期一</th><th>星期二</th><th>星期三</th><th>星期四</th><th>星期五</th></tr>
<tr><td>1 08:00-08:45</td><td>數學 A</td><td>法文</td><td></td><td></td><td rowspan="2">體育</td></tr>
<tr><td>2 08:45-09:30</td><td>綜合學習</td><td>英文</td><td>數學</td><td>英文</td></tr>
<tr><td>3 10:00-10:45</td><td>法文 A</td><td>數學</td><td>單元課</td><td>工藝 A</td><td>戲劇選修課</td></tr>
<tr><td>11:00-11:15</td><td colspan="5">午　餐　時　間</td></tr>
<tr><td>4 11:15-12:00</td><td>英文 A</td><td rowspan="3">單元課</td><td rowspan="2">單元課</td><td>工藝 A</td><td>單元課</td></tr>
<tr><td>5 12:15-13:00</td><td>單元課</td><td>數學</td><td rowspan="2">芬蘭文</td></tr>
<tr><td>6 13:15-14:00</td><td></td><td>倫理或宗教</td><td></td></tr>
</table>

註1　單元課中有一堂音樂、三堂科學、兩堂藝術、一堂英文。

註2　以下是2021-2022赫爾辛基市學生的學期時間：

秋季學期： 11.08.2021 – 22.12. 2021

秋季十月假期： 18.10.2021-22.10.2021

聖誕假期： 23.12.2021 – 07.01.2022

春季學期： 10.01.2022– 04.06.2022

冬季二月滑雪假： 21.02.2022 – 25.02.2022

羅亞市的中學七年級課表範例

<table>
<tr><th></th><th>星期一</th><th>星期二</th><th>星期三</th><th>星期四</th><th>星期五</th></tr>
<tr><td>1 08:00-09:00</td><td>資訊電腦</td><td></td><td></td><td rowspan="2">工藝課</td><td>芬蘭文</td></tr>
<tr><td>2 09:00-10:00</td><td>英文</td><td></td><td>宗教</td><td>歷史</td></tr>
<tr><td>3 10:00-11:00</td><td>數學</td><td>數學</td><td>英文</td><td>健康教育</td><td>數學</td></tr>
<tr><td>4 11:00-12:00</td><td>芬蘭文</td><td>芬蘭文</td><td>家事經濟</td><td>瑞典語</td><td>英文</td></tr>
<tr><td>5 12:00-13:00</td><td>歷史</td><td>生物</td><td>家事經濟</td><td>地理</td><td>歷史</td></tr>
<tr><td>6 13:00-14:00</td><td>物理</td><td>瑞典語</td><td rowspan="2">藝術</td><td rowspan="2">體育</td><td>教育職業輔導</td></tr>
<tr><td>7 14:00-15:00</td><td>物理</td><td>音樂</td><td></td></tr>
</table>

註 1　學期時間請參照頁96的註2，唯整年度的國中學期間，會有五個小學期的授教時段，每個新學期的課表也會作調整。

註 2　這份範例並未標示下課與午餐時間。芬蘭學校通常每節課為四十五分鐘，下課時間為十五至二十五分鐘，依照每個班級的課表設計、學生的選課和組別情形而有所不同。

<table>
<tr><th colspan="10">芬蘭國家教育綱領中的基礎教育時數分配表</th></tr>
<tr><th>科 目</th><th>一年級</th><th>二年級</th><th>三年級</th><th>四年級</th><th>五年級</th><th>六年級</th><th>七年級</th><th>八年級</th><th>九年級</th></tr>
<tr><td>母語文</td><td colspan="2">14</td><td colspan="4">18</td><td colspan="3">10</td></tr>
<tr><td>A 1語言</td><td colspan="2">--------------------</td><td colspan="4">9</td><td colspan="3">7</td></tr>
<tr><td>B 1語言</td><td colspan="6">-- 2</td><td colspan="3">4</td></tr>
<tr><td>數學</td><td colspan="2">6</td><td colspan="4">15</td><td colspan="3">11</td></tr>
<tr><td>環境研究</td><td colspan="2">4</td><td colspan="4">10</td><td colspan="3"></td></tr>
<tr><td>生物與地理</td><td colspan="6"></td><td colspan="3">7</td></tr>
<tr><td>物理與化學</td><td colspan="6"></td><td colspan="3">7</td></tr>
<tr><td>健康教育</td><td colspan="6"></td><td colspan="3">3</td></tr>
<tr><td>環境與自然總計</td><td colspan="6">14</td><td colspan="3">17</td></tr>
<tr><td>宗教或倫理</td><td colspan="2">2</td><td colspan="4">5</td><td colspan="3">3</td></tr>
<tr><td>歷史和社會</td><td colspan="6">--------------------------- 5</td><td colspan="3">7</td></tr>
<tr><td>音樂</td><td colspan="2">2</td><td colspan="4">4</td><td colspan="3">2</td></tr>
<tr><td>視覺藝術</td><td colspan="2">2</td><td colspan="4">5</td><td colspan="3">2</td></tr>
<tr><td>工藝</td><td colspan="2">2</td><td colspan="4">5</td><td colspan="3">2</td></tr>
<tr><td>體育</td><td colspan="2">4</td><td colspan="4">9</td><td colspan="3">7</td></tr>
<tr><td>家庭經濟</td><td colspan="6">---</td><td colspan="3">3</td></tr>
<tr><td>藝術與技能選項</td><td colspan="6">6</td><td colspan="3">5</td></tr>
<tr><td>教育與職業輔導</td><td colspan="6">---</td><td colspan="3">2</td></tr>
<tr><td>選修課</td><td colspan="9">9</td></tr>
<tr><td>A 2 語言選修</td><td colspan="9">-------------------- (12)</td></tr>
<tr><td>B 2 語言選修</td><td colspan="9">--- (4)</td></tr>
</table>

而能給每個孩子獨自負責的空間與時間。

在學校，一個班級為了能平均照顧到每個孩子，甚至會再分成兩組，以不同上課時間採行真正的小班制，讓老師能適時瞭解、規劃出適合兩組同學上課的時段。所以，有兩組重疊一起上的課程，也有分開的課程。

芬蘭孩子上了國中後，就沒有固定的上課教室，而是採取科目制，讓大家在不同的科目時間，前往不同學科老師上課的教室去學習。一整年間，還會有五到六次不同課表的變動時間，以配合不同科目老師的教學時間，以及分組上課的學習。

芬蘭教委會的參事帕金在一次演講中說：「賦予自由，就是責任的開始。」

信任（Trust），是芬蘭教育的核心價值。芬蘭社會與教育不採用「防弊」的管理法則，而是選擇相互尊重和互信為教育的開始。

信任起於自我管理，這是芬蘭教育體制中一項基本概念。這項概念的基礎，在於芬蘭的教育體制與學校、機構都不斷思索，我們應該給孩子什麼樣的教育？是要求學會書本的資訊就好？還是要學會獨立與發展出自我想法，更能進一步發展出自主蒐尋、彙整資訊、研討運用的能力呢？

芬蘭教育體制專注於培養孩子們終身學習的能力，而唯有一個與生活教育充分結合的學校教育，才能達到讓孩子永續學習（Education for Life）的基礎。教導，同時尊重孩子與個人的獨立性，就能在教學中賦予孩童責任。今天教育讓學生有獨立發揮的空間，教育孩子能獨立思考，自然也就希望學生能在日後，展現出自我學習的能力。芬蘭一再強調，只有發展出持續學習的動力與熱情，學習成果才會強大、豐碩，而且無止盡的延伸。

制定教育方針與核心課程綱要的教育委員會認為，所有的學習動力，來自於個人的成就感，這其中當然包括老師！芬蘭教育制度在一九九四年歷經了重大變革之後，老師獲得充分的教學自由度與課程自主權，可以自行決定教材與教學內容和進度。希望讓老師有參與感、決定權，讓從事教學多年的實際經驗與專業足以發揮，增加他們為社會或學生改變些什麼的參與感，激發出更好的教學動力與熱忱。

這樣的模式也貫徹在孩子們的身上。學生經由實作、參與、討論、找資料、互相分組與學習，不知不覺就啟動了學習的動力，與尋找事物本質的興趣。如此，孩子們的數學作業等，大多不會由老師批改，而是讓學生們在課堂上相互核對答案，或是老師在課堂上講解之後，由學生自行訂正。這點或許讓自小就習於每天由老師批改作業的我們，感到困惑與不解。

比起亞洲的學校，芬蘭的班級人數，顯然不多，但老師不花精神去批改作業，反而花更多時間準備課程、思考、休息、充實教學內容和自我研習、進修。幾年下來，女兒們的習作本老師批改的少，對於這些教學文化與方式的差異，我一直相當好奇，除了想多方瞭解外，也反思不同思維所帶來的影響。

對於芬蘭老師們需不需要批改作業，我在一次研討會中，得到了這樣的解答。

特殊教育處副處長柯芙拉（Pirjo Koivula）女士說：「我們的學生本來就有答案本，自己可以去核對答案啊。」嗯，答案本，很有意思、很有深意的答覆。

但隨後我還是很客氣的問了說，芬蘭老師似乎很少花時間在許多「形式」事務上，比如說寫聯絡本、作業批改等等？不知對方是否懂得我的問題，我也多加演繹了幾句。

幾分鐘後，教委會的講者們回答：「我們老師的工作已經相當多了，老師花了很多時間在做課程與教學的策劃，實在不需要在這些枝微末節的事務上打轉。難道課程的規劃會比那些更不重要嗎？老師教學的目的，是帶大家去尋找一個思考和自我學習的動力，而不只是幫學生提供答案。」

六年下來，從女兒讀國際學校一直到轉入芬蘭系統的學校，我很少簽過孩子們的聯絡簿，老師也不需要批示聯絡本。但是，只要學校有任何大小事，老師和家長雙方會隨時主動聯繫、討論，而真正需要簽字的是學校的活動通知單、考試卷，以及學期成績單。

其實不光是免掉了這些批改與簽字的工作，我想，芬蘭老師還可以更「輕鬆」，因為他們說聯絡本是讓孩子自己做記錄的，裡面可以自行記載著功課、學習進度、近來重要的校方活動等等；但這不是統一規定。家長有任何想要詢問的，都可以運用聯絡本、電子郵件、簡訊，但真的不用老師，不用家長每天都做形式上的簽字！但也或許如此，家長的簽字在通知單、測驗單和每學期的成績報告單上，反而顯得重要而謹慎多了。

將事情交由孩子主動來動手，他們就會不自覺的養成自我學習的意願和動力。這是芬蘭教育理念非常具有啟發性的特色。

盛夏的芬蘭森林

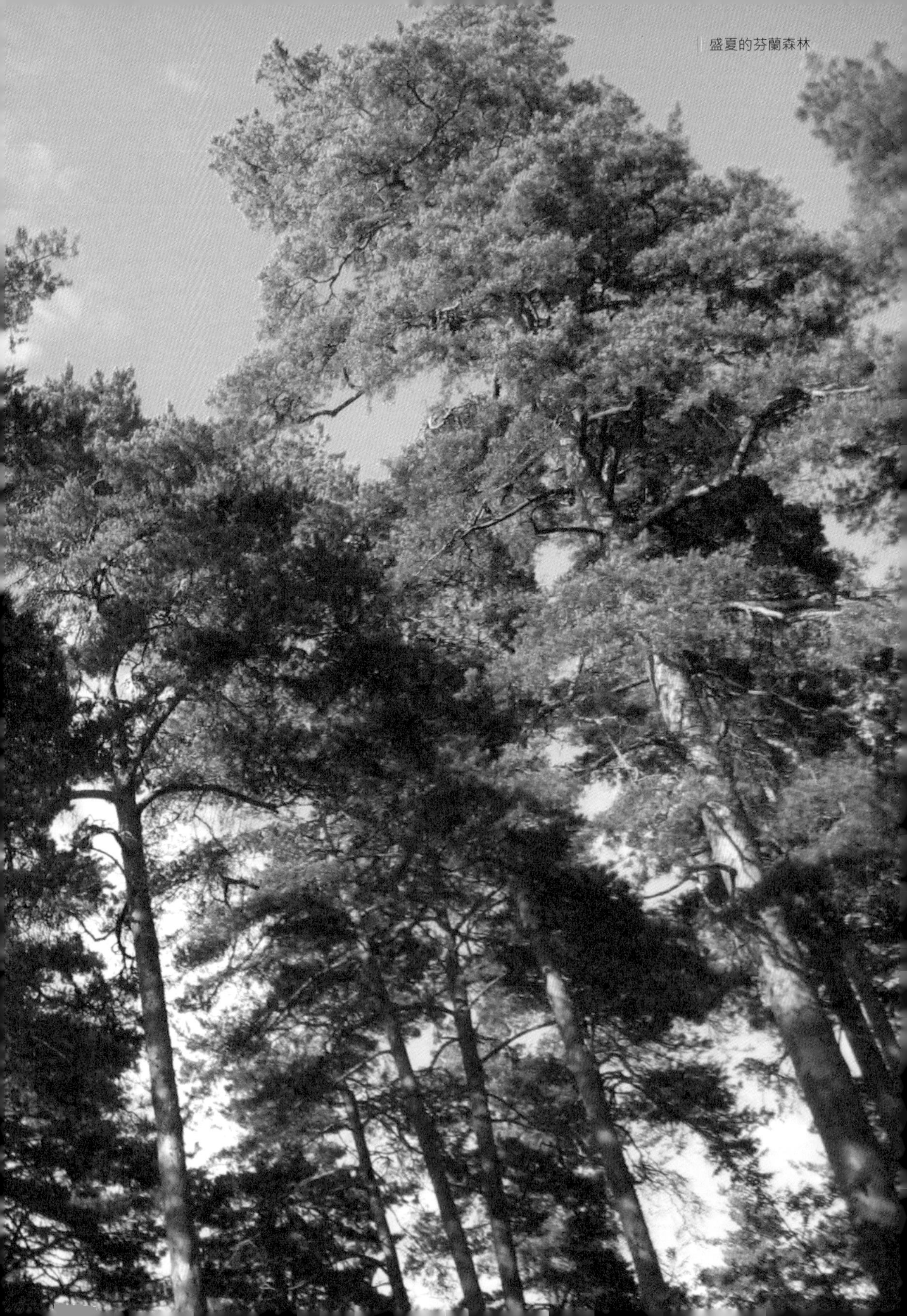

老師一樣好：不用評比

芬蘭教育中另一項最可貴之處，就是盡可能的不比較、不評分，對學生和老師都一樣。在學校不給教師做無謂的評比與評分、不給老師打考績，沒有督察，也沒有評鑑報告。

教育機構的官員們回答說：「我們的老師，都是一樣好！」

所謂的老師一樣好，就是在其養成教育中，擁有的完整教學能力訓練。芬蘭基礎教育體系的教師，不僅擁有碩士學位，更在其教育領域學習中，發展出研究、教學與思考的多軌能力。他們相信評比與評分會造成不必要的影響、扭曲與競爭，反而喪失了鼓勵老師們自我充實、進修的本質與意義。而且，每個班級、每位孩子的狀況都不盡相同，老師既然不能選擇學生，就不需要強力去突顯自己的「教學成果」，更何況，成果又如何能具體的被評估呢？

芬蘭人還會反問：「請問，對老師做評比的意義何在？」

這樣的逆向思考，從芬蘭講求平實、平等、高品質的教育師資培養角度來說，也的確是。因為如果真的要把老師們都拉去做比較，那還真是連起跑點都不一樣的「不公平」！

「平等、品質、公平」是芬蘭教育中不斷強調的。人人都應賦予相同的機會，但從不強調要贏在起跑點上！因為那只是跑百米的衝刺，而不像是真實人生的馬拉松；況且，誰要是在馬拉松的起跑點上就爭先要贏，那通常會是最後的輸家。

拉普蘭大學教育系附屬實驗學校校長瓦菈能（Eija Valanne）博士跟我說，我不需要去管老師，老師的教學如有任何的問題，最後一定都會反應到我這裡來。當我們去管老師，所有的表面功夫，又有誰不會做呢？你要什麼數據，人家就給什麼。你一來，人家就做個標準模樣給你看。可是那有意義嗎？對學生有益處嗎？對整體教育進展有幫助嗎？

當主管教育行政的機關，不做起跑點不公平的評鑑，而給予參與教育的校長、老師、學生同等的學習成長機會與動力養成，一起依照全國教育核心課程綱要，自行訂立自己的教學目標與希望達成的效果，無形中反而更符合人性的平衡價值。

這個想法確實很芬蘭，讓習於評比的亞洲社會甚至是美國教育體制，對於芬蘭的表現和基本理念都相當驚豔。也為習慣於從小到大要求品學兼優、當第一名的社會，提供了不一樣的北歐思維模式。

當整個社會從小到大都在「比」，從學業成績、工作績效、職場成就等等，無所不比，不管資源與人員配置是否不同，大家就攪在一起的去比成效、打考核，喪失的不再只是人心的良善與互助，更讓長期社會發展趨向狹窄的功利與惡質競爭。乍看之下看似公平的能力表現評核制度，仔細推敲其實處處有著明顯的不公平。而芬蘭的想法是，資源、對象、起跑點都不同，為什麼要比？如何去比？放下起跑點不公平與評鑑制度的不平等，人性尊嚴和自我實踐才會自然浮現！

難道，芬蘭老師的教學成果和是否適任等等疑問，就沒有任何的評估方式嗎？有的，當然有！

老師一年之中會與校長一起討論個好幾回，老師不僅自行訂出一整年的教學目標與教學方法，還要規劃下一階段或明年的教學計劃要如何達成？去年之中最令自己滿意的教學成績是什麼？為什麼會讓自己滿意或不滿意？校長和老師一起以每個人不同的條件與情況去評估，這就是一種對自我期許的鼓勵。老師們從實際教學狀況、對現在與未來有所構思與規劃，再加上回顧過去教學的討論方式，讓老師自己找到生涯規劃的真諦，找到自我成長、策勵的動力。

每隔一陣子，老師會收到不同意見與滿意度資料，這些是讓老師們對於校方、家長、學生等各方反應，有全盤的瞭解與省思，也知道自己教學方法和內容，會引起怎麼樣的效果與迴響。而不是以單一的「甲等」、「乙等」來打考績，或依照人數比例分配下的績效考核，而出現總是被當做犧牲品的菜鳥，或總是輪到考績墊底的倒霉鬼。

顯然，芬蘭體制評比老師的方式與評估孩子的模式，有異曲同工之妙。我們評比孩子的模式是考試和分數制，對老師的評比也是績效掛帥；最後，總是有老師和學生為了分數和考核不擇手段，扭曲了多少原先對這份工作與學習，有熱情、有理想、有抱負的老師和孩子們。

幾年來，我曾經好幾次詢問芬蘭各級政府官員的考核體制，一樣是以自我肯定、自訂目標與標準的評估模式；相對的突顯出，標榜從起跑點去衡量，以分數至上評判法，真是不經意間拿了同一把尺，去衡量每個不同的孩子、老師與人員。

教師，芬蘭高中生的第一志業

入秋的芬蘭，原先綠意盎然的枝葉，紛紛蛻染為各式繽紛的彩妝。來芬蘭的前兩年，秋季，總是稍縱即逝，記憶裡，十隻手指還沒數完，天候已經急速的轉寒。隨著季節的轉變，放眼盡是蕭瑟落葉。美好的日子，總在轉眼彈指之間流逝。

每年十月底，冬令日光節約時間一調整，所有北國人們最不樂見的晦暗灰黑十一月天，就這麼悄悄然的籠罩下來。

一個深秋午後的酒會活動中，我巧遇一位嫁來芬蘭多年的台灣女士，在短暫的談話裡，她問了我一些關於芬蘭教育的事，她對國內有些報導說，教師在芬蘭，是最受歡迎或最受敬重的職業，關於這一點她蠻質疑。

我問：「是嗎？為什麼呢？」

她說：「教師怎麼有可能比律師和醫生，更來得有社會地位呢？」

我當場有點愣住了，想了一會，並未即刻就此問題直接答覆。

未回覆的原因，主要是因為我無法在沒有具體的佐證下，就回應他人的疑問。回家後，我查閱了不少資料，找到近幾年的相關報導與研究報告，尤其是先前讀過的《赫爾辛基日報》（Helsingin Sanomat）國際版新聞，這份芬蘭發行量最大的新聞媒體，曾經針對芬蘭全國中學生做了問卷調查，結果顯示，「教師」是中學生心目中最受歡迎的職業！

報導說，有百分之二十六的中學生希望成為教師，百分之十九希望成為工程師，百分之十八為心理學家，百分之十八為藝術家。因此，教師是中學生心目中最普受歡迎的職業。雖然，一個只超過受調查者四分之一的數據，當然代表著還有不少人希望從事其他的行業，但能夠讓一群新世代青少年將教師選為自己日後的志業，已經足以讓教師這項職業，站上職場排行榜的最高峰。

最受歡迎，或最受尊敬的職業，通常並不見得是社會上薪資收入最高，或令人敬畏的；當人們以為，醫師和律師「應該」比教師更有社會地位，那或許就是未讀過相關報導，也未曾對芬蘭這個社會中的職業和學生的選取志向，有足夠的認知。

在芬蘭各地進行訪談時，我發現芬蘭社會一再強調的是「人」的基本平等價值觀，只要是人都有尊嚴，以及受到國家資源照顧關注之權利。雖然聽起來，都是極為理想的思維，但這個國家，就和其他的北歐各國一樣，總是努力朝此正面的「人本」方向持續發展。

教師在芬蘭，的確是相當受尊敬的行業，我在約瓦斯曲萊大學訪問時，教育研究院（Institute for Educational Research）院長瓦里亞維（Jouni Valjärvi）教授曾說：「和世界上許多國家相較之下，芬蘭教師的社會地位與影響力是很高的。」

瓦里亞維教授接下來說：「教師在許多的歐盟國家，其實是被視為偏於技術學能的專才，但在芬蘭，教師的專業卻足以與律師和醫師相提並論。除此之外，我們的社會也賦予教師們相當高的期許和社會責任。」

「因此，從青少年對這份職業的選擇來看，教師會如此的受歡迎，多少反應出我們整體社會對於教師的尊敬。」他再度強調說。

雖然芬蘭基礎教育的教師薪資水準，遠比不上律師和醫生，但芬蘭普遍社會觀感和我所訪談過的多數芬蘭男女老少，仍然認為教師是一份有尊嚴、有自主權，而且很有人生價值的工作。對芬蘭人來說，薪資的高低，顯然不是職業選擇中的首要考量。

參與芬蘭國家教委會專為日本教育界舉辦的芬蘭教育研討會時，主講人庫佛能（Lauri Kurvonen）博士在日本學者問了關於芬蘭教師的地位後，做了如此說明：

「教師在芬蘭一直有著承擔社會心智啟蒙的重要責任，因為自從芬蘭獨立之後，芬蘭人知道唯有靠著教育，才能走出自己的一條康莊大道，並能完全獨立於

約瓦斯曲萊大學一景

兩大強鄰之間。」

他篤實的回應，在我聽來，似乎與我們再熟悉不過的「師者，傳道授業解惑」、「百年樹人」，甚至是「國家興亡，匹夫有責」等的公民社會情懷，不謀而合。芬蘭教育工作者，百年來就這樣和整個國家民族的存續發展緊緊牽繫著；而芬蘭的確也在整個教育改革路途中，逐漸並扎實的讓教師發揮所長，藉著創造其專業地位，使社會對教師刮目相看，也十分敬重。

綜合這麼多的因素，才能使超過四分之一的中學生，願意把自己的未來，投注於教育這項人生志業上。

教育，一切都是為了學生

入冬的十一月間，我在約瓦斯曲萊大學教育主管學院，與院長和一位資深研究學者聊了將近兩個多小時。他們都分別當過幾十年的中學老師，因此實務經驗都相當豐富。在談話中，彼此交換的議題非常多，不過最讓我動容的，莫過於話題談到老師「自由度」與「被尊重」程度的時候……

「如果教育體制對老師們有評比、考核的話，那會是種什麼情形？」我問起。

「我們可以向妳保證，那芬蘭的教師必定集體罷工！大家不幹了！」想不到，這兩位髮鬢泛白的資深教育人士，竟是如此斬釘截鐵，搖著頭很酷的大聲說著。

「真的嗎？為什麼呢？」我驚訝的問。

「如果一個社會體制對自己教師的最基本信任都沒有的話，那還談什麼教育呢？」他們中氣十足、異口同聲的說著。

接著兩位教授此起彼落的述說著，他們當年在教學時，所想的都是如何善待學生，怎樣教導才對學生最有益處，從來不是為了要讓學生，或自己的教學成果拿第一，他們壓根沒想過要「爭第一」、「搶第一」。

「我們所做的一切，不過是盡其所能的，去教導我們所知的；一切都是為了學生，如此而已。」他們平心靜氣說了這段話，但其字字句句，卻深深烙印在我的心坎中。

我低頭簡略的寫了下來，其實是為了稍稍掩飾我已動容的濕潤眼眶。

「那當國際評比成績出來後，芬蘭一下子轟動了全世界，你們當時的想法是什麼呢？」我定神之後接著問。

「不瞞妳說，我們嚇了一大跳！」

「因為，我們從來沒有為了要得第一，才如此施行教育理念的。」

「幾十年來，我們就是一直單純的希望，把事情做好！」他們有點不好意思的說。

這回，我反而聽得好開懷，因為每次與別人晤談，當遇到對方願意將個人心坎深處的想法與我分享，在那瞬間衝出唇齒之間的，總是最讓我感動與歡喜。畢竟，那種讓人澎湃心潮的話，對我而言，比所有的統計數據與資料顯示，更貼進人性與事物的真實層面。

這兩位學者，略帶靦腆，卻又誠摯談論教育理念與心中感受之際，讓我覺得何其榮幸在最是灰暗的十一月天，感受到人性中的「純」與「善」。這份追求事務的真與善，以及堅持價值核心，讓我上了一堂課！也讓我願意將自己的既有觀念與習慣認知，逐漸轉換成以他們的角度與文化背景去思考教育的基本面到底何在。

重視過程勝於結果，其實，這很芬蘭。芬蘭人多半認定，如果過程很扎實、良好，那結果一定差不到哪兒去！因為過程的規範與制度，可長可久的設計、執行，要遠比一味的追逐短期成效或只求第一，對每個人的人生與整體社會，更顯得重要、有意義吧！

混齡教學在芬蘭

午後的宴會上，朋友跟我說：「我們參觀過一所小規模的學校，看到一種蠻特殊的情形，就是把不同年齡的孩子放在同一班裡！」

我當下反問她：「妳是講『混齡教學』嗎？」她訝異的說：「是啊！」然後看著我，好像是覺得妳怎會知道咧？我笑了笑，和她們簡略的說起芬蘭這種教育方式的點點滴滴。

又有一回，我和來訪的朋友說：「在芬蘭各地，有不少學校採取『混齡教學』的方式。」朋友問：「為什麼會有這種特殊的情形呢？」

人口數只有五百五十多萬，而國土面積是台灣十倍大的芬蘭，分布全國各地將近四千所小學，許多學校因為地理位置和人口稀少，所以各年級的學生人數本來就少，比如說，一年級只有七位學生，二年級八位，在這種情況之下，很自然的就會採取混合式的班級組成，並交由一位老師來教導。

然而，混齡教學對於老師有著極高的挑戰，因為學生能否實質受益，端視老師的時間調配、教導方式與組織協調能力。這種教學方式，對有心任教的好老師是一種非常好的訓練，也能顧及到學生受教的權益。

混齡教學的議題，對於和我一同參加國際教育研討會的日本中學校長，也十分驚訝。當時，我們正在參觀人口三萬人的羅亞鎮郊區不遠處的一所中小型小學，他一聽到校方簡報不同年齡學生混班上課，就當場瞠目結舌、滿臉疑惑，雖然他當時並未再進一步提問，但坐在他後方的我，看著他不斷的搖頭，手裡振筆疾書，腦袋猛搖的充滿困惑。

他和許多問我這個問題的友人們一樣不解與困惑。有時我想，很多國外的體制，或是文化背景不同的例子，如果從國內來訪或考察的人，對於這些體制、文化、地緣不盡瞭解，或只是以自己的文化與思考模式直接套用與詮釋，那絕對只會一知半解，甚至是出現眾多百思不解的質疑。

有時還真得要身歷其境，去推敲其中的社會人文背景，才能知曉其一二，並能領會其中的道理與原因。當然，探索他人文化最大的優點，不外乎是學會了設身處地的從他

三十人迷你學校的體育館和混齡體育課教學

人、他國的文化與歷史演進角度去瞭解，並從中體認了不同國家的特質，才更能進一步欣賞到其體制與文化中的美感與優點。因此，依課程內容和班級學生人數等進行混齡、混班式教學，是芬蘭學校非常熟悉，芬蘭學生和家長們也都很習以為常的模式。

然而，以亞洲國家的人口數與人口密度來看，混齡的模式或許不見得需要，但這種因地制宜的教學方式，確實能為偏遠郊區的學校與孩子，提供另一種蠻有彈性的施教考量。

畢竟，如果平等受教育是一切公民平等權利的開始，那教學方法與不同模式真的只是過程。過程可以有千百種，只要能讓所有的孩子都有受教的平等機會，那教育體制就應該以彈性、務實的同理心，盡一己之力的挹注資源去愛孩子們。

沒有後段班，只有引導班

在芬蘭東部拉彭蘭塔（Lappeenranta）市一所中學，我和一位自稱有「王國」天地的老師聊著。

「你看，有這樣的工作環境和專業自主權，我還有什麼不能滿足的？」他萬分驕傲的說。是啊，他的教學空間之大，真是一處別有洞天的桃花源！教室的黑板上寫著比薩店、花店、洗衣店、餐廳、快餐店等。

「這些記錄是什麼？」我好奇的問。

「這些商家就是班上孩子們正在實習的場所。」他微笑的答道。

「學生們去實習啊？」我張大眼睛問。

沒錯，雖然是上課時間，但這間碩大寬廣的教室，卻空無一人。因為老師安排學生們到各個商家去實習，等明後天學生陸續回到教室裡，再一起運用實務所學的經驗來做學習，並從中討論生活裡的各項課題。

校長在一旁補充說：「這群孩子不太一樣，他們的學習方式要從實務面上去鼓勵，因為他們比較坐不住，學習進度和別的學生不同，所以我們特別設計一些可以從實作中學習的模式，並且會和孩子一起規劃課程內容，從他們有興趣的去著手。這是希望為他們創造出更多喜歡上學的誘因，讓他們更有意願，並充滿著期盼來學校。」

我聽著校長懇切的言談，心裡有一種平和、踏實的溫暖，他說的這群學生，正是我們一般所謂的「後段生」；但在芬蘭，沒有人會放棄他們。不但教育體系不放棄，也期望學生不要自我放棄！只要學校和學生共同找出一種激勵學習動力的生路，或許學習過程比一般學生漫長、曲折，但生命終究會自己尋覓到出口，只要給予它適當的機會，和平等對待的誠意。

我對這位教導需要特別照料和鼓勵學生群的老師，多了一份敬意，因為他付出的時間和關懷，比一般課業老師多，但他所做的正是芬蘭教育理念「不讓一人落後」（No Child Left Behind）的精髓。腳踏實地、一步一腳印的去陪著那一群「不一樣」的孩子們透過各種學習方法，學得課本和生活知識的同時，建立起學生的自尊與自重。

老師和校長隨後還說明，參與這項計畫的城裡商家，都是志願或經過徵詢同意的。透過這樣的學習方式，這些學生在暑假，還因此比別人多了打工的機會。

拉彭蘭塔市郊中學負責移民教育的教師

拉彭蘭塔市中學教導移民學生芬蘭語的老師

這樣的課程設計，從裡到外，除了人性化之外，更令人欽佩。

有一次，在約瓦斯曲萊大學的教育研究院訪談時，院長瓦里亞維教授斬釘截鐵的對我說：「我們未來的挑戰之一，還是專注在如何減少中輟生的比例，因為百分之五到十五的比重，對芬蘭這種小國來說，實在太高了！我們承擔不起這樣的人力資源耗損，我們的社會不能容許這樣的學習不平衡。」

約瓦斯曲萊大學教育研究院院長瓦里亞維教授

約瓦斯曲萊陰濕、黑暗，細雨小雪間隔綿綿下著，我和院長談了超過三個小時，心中對芬蘭重視「弱勢」學生，盡全力鼓勵「後段」學生透過特別設計課程，學得義務教育中所應該傳授的知識與內涵，讓我百感交集，至今難忘。

在拉彭蘭塔看著這班只有十人的國三孩子，他們沒有被社會和師長遺棄，反而享有更多的教育資源和社會關懷。除了擁有屬於自己班級獨有的廣大空間外，還有一位樂觀、靈活、懂得特殊教學的好老師帶領著。

雖然他們在其他重視考試或以分數比高下的社會裡，可能就因為「遊戲規則」不同而玩不過「好」學生，但他們一生中最重要的啟蒙、學習階段，卻因為芬蘭老師更多的愛心與耐心，以及更實在的教育方法，而能較真實、無憾的成長。

芬蘭，為什麼要講「不讓一人落後」？

在芬蘭東西南北大城小鎮的奔波訪談之中，每回我都能聽到第一線的教師，以及各專業領域教育研究機構的學者們，一而再、再而三的強調：

「小國如我，不能容許社會上出現學習落差與失衡！」

這樣的觀念與想法，在芬蘭果真說到，做到。每回憶及那一張張懇切、真摯的臉龐，總會觸動我內心深處，掀起一陣陣無可平息的感嘆與漣漪。腦海中好多畫面不斷湧入，因為想起了所謂「後段班」的孩子們，小小年紀就已被貼上標籤，有哪些是心甘情願的被歸到那一類？有多少是制度和師長先放棄了他們，讓他們也逐漸產生了自我放棄的心酸？如果是制度先放棄了他們，而又期待他們能自謀生路，豈不是把教育的義務，和日後社會可能要面對的矯正成本，一股腦推向全民去共同承擔？

愈想，愈是一陣哆嗦與鼻酸。

想起一位全家從美國調派回台灣的朋友，有兩位學齡孩子的她，分享在國外六年回台灣唸國三的兒子，不到幾週，學校平均成績竟能維持在全班的中上程度。她本以為，這孩子適應得真好，也可能是自己在海外辛勤教導的中文，小有成就。

但她後來發現，孩子在班上成績維持中上的一個主要原因，是因為班上有一半的孩子，早已自我放棄了。

看到她如此述說，我心一沉，雙眼泛紅，想到我們究竟是從什麼時候開始，就這樣犧牲了一批又一批原本還充滿學習希望，未來可能另有所成的孩子。而我們世世代代的家長、社會與學校，竟成了間接的「劊子手」，活生生養出一批書讀得好的學生，去取笑別人不會唸書、不愛唸書、沒有出息！

家長、老師、校方間爭相較勁，標榜著孩子「榜上有名」就是最大成就、祖上積德。可是，那些被貼上「祖上沒積德」標籤的另一批孩子呢？社會和學校給了他們什麼支援和資源？因為他們的學習力比較弱，或是學習能力開發的速度不同，就是活該？是報應？是不聽話？是不認真？

是誰真正使得他們自暴自棄？整個社會和教育的既得利益者，難道沒有絲毫的責任？還是多半只是在一旁竊喜這些「後段生」，不會和他們競爭了，所以不妨三不五時的也奉上幾句諷刺話，說笨啊？說不行？說差勁？說害群之馬、拖累全班？害學校的升學率降低？讓老師和校長走路無風？大家可否曾想過是什麼原因放棄了他們？如果，社會是環環相扣、相互依賴，如果，職業是不分貴賤，教育是有教無類，那，我們做到了多少？

是「唯有讀書高」的觀念，造就了評斷學生「行」與「不行」的標準？在小小年紀就要被貼上「好與壞」、「資優與落後」、「聰明與愚昧」的差別標籤嗎？

我從來沒有想過，「有教無類」與「因材施教」，這千百年來對我們再熟悉不過的教育基本理念，卻在北歐國家扎扎實實的付諸實現！芬蘭只有一句「不讓一人落後」，而真實去執行之後，卻總一直還覺得仍有許多不足之處的自我激勵。

它在芬蘭，真的不是一句口號。

對我們來說，過多的教育理想、名詞、標語，總是停留在口號與高調階段，更多時候像是歌頌似的填充詞。然而，芬蘭這個苦命的國家，從獨立到第二次大戰的磨難與生靈塗炭，已然讓不同世代的芬蘭人清楚明白，唯有扎實、平等的「教育」，才是使得社會和人民走向獨立自主的最大資產。

二次大戰期間與戰後，芬蘭人共享了榮辱起伏，是「全體芬蘭人」一起保住了這個國家，不是位高權重者，更不是菁英份子才是得享權利榮譽之人。他們一再告訴我，過去所走過的歷史，和世代累積的經驗訴說著，如果一個小國的社會裡，再分紅、白，再分階級上下，再分族群你我，那芬蘭是永遠不可能抵擋得住蘇聯的紅軍，並且擋住了兩回！今天的芬蘭，很可能是像剛解體不久的前蘇聯國家罷了！

從獨立之初的內戰，到二戰期間抵抗蘇聯的兩次戰役，讓芬蘭人相信了社會和族群不能自我區隔，只有充分落實教育與生活上的平等精神，小國才得以生存和長期發展。就是這麼執著於這個道理，長期的在全國各地各校，對於需要特殊輔導教育的學習緩慢學生，投入不間斷的關心和教育資源。

芬蘭著重起跑點式的公平，以及對「後段」和「弱勢」學生投入更多的心力，這與我們一向只注重、看好「資優」孩子的心態，截然不同。但芬蘭實實在在的不放棄相對弱勢的孩子，卻成為芬蘭教育被全球評鑑為最平衡，以及通過受測學生比例最高國家的最關鍵因素。

這種不斷強化教育、輔導學習能力比較低落孩子們的教學，是一項耗時費力，並且需要龐大教育資源的工作。芬蘭政府在各地學校中，從零年級到九年級，都是不斷的投入與深耕。

在北國住了六年，我深刻瞭解了這樣思維的根本精神，也想起過去住在西非洲的歲月，那種大門、柵欄必須時時深鎖，以及廿四小時警衛，為自己和家人築起一道道的保護牆；因為，當地社會的貧富與社會階級的落差太大，更因為教育水平的差異懸殊，而造成一代接一代的惡性循環，富者愈來愈需要把自身和整個社會阻隔起來，而牆外的落後與混亂，也就一直不斷的成為發展和治安的致命傷。

那一道道的牆，所圖的不過是一份安心，冀求著最起碼的生存；這是一種對於大環境無可奈何的因應之道。但北歐國家，所稟持的就是「唯有大家都好，社會才會好」。既然每個人都是這個社會的一份子，就沒有人可以自我放棄，更沒有人有權力去決定哪一些人是可以被放棄的，尤其是還在成長中的脆弱孩子。

國家與孩子的未來，唯有重視人本價值的「眾生平等」教育觀念，與長時間實實在在、點點滴滴的用心扎根，才會真的成長茁壯。如此而已。

零年級，不需要「贏在起跑點」

人生是一場馬拉松賽跑，還是百米衝刺？

要想「贏在起跑點」，那就跑不成馬拉松，因為需要調整步伐、調勻呼吸、自我激勵的長程賽跑，不能只看重起跑點。如果只想跑一段短程，贏了一次就差堪告慰了，那或許「贏在起跑點」，還有點意思。

可是，人生漫漫長路，考試考得好、學校考得上，總是短程衝刺的意味濃厚。人生在進入與離開學校前前後後的漫長歲月裡，真的就只是小衝刺？還是可以學會終身學習呢？

在芬蘭，有的小學前兩年會讓學生分成三年來讀，也就是所謂的「零年級」。或許有人會反問說：「小學一、二年級，有什麼好磨甚至留級的呢？」

七、八歲間的低年級，到底重不重要？或許，來自亞洲的我們，認為這階段是要去贏得起跑優勢，學習被認定愈早愈好。但是，芬蘭人卻認為一切人生事物最重要的啟蒙，就在這個基礎階段；有好的基礎，房子才能蓋得牢靠與長久。所以，他們認為這個階段是人格養成的最重要階段，所以急不得。

芬蘭孩子，滿七歲才入小學，比起大多數國家都來得晚。就讀小六的大女兒，多數同學的年齡，在台灣已經國一了。芬蘭的研究與教育單位認為，七歲的孩子，就心智與情緒各方面的發展相較成熟，比較適合開始進入小學。但如果孩子尚未準備好，學校和相關的學前幼稚園所（Preschool）老師，會與社福人員一起鼓勵父母讓孩子多預備一年，就是以三年時間讀完低年級，不然就是向政府申請將孩子讀幼稚園的時間提早一年，成為兩年的學前教育。

為什麼會有這種看似「延緩」、「推遲」或是「籌備」孩子學習光陰的教學觀念呢？

芬蘭教育者認為，孩子在十歲前是一切學習態度養成與閱讀習慣建立的基礎階段。能即早在各方面多加察覺到需要特別協助的孩子們，並配合他們的特殊情況設計出適合發展學習能力的課程，即使是多了一兩年時間，但日後整體教育所需再為這些孩子付出的額外輔導與附加挹注的資源，就會相對降低。

這些需要多一兩年學習的孩子，有的不外乎是過動兒，有的則是在語言發展、手腦肌肉協調運作、群體互動、情緒管理等學習能力上，需要多加關注與輔導。總合來說，就是這群小朋友在某些層面上尚未發展妥當，而不足以適應小一的所有課程。

芬蘭學校附設這樣的班級，通常會稱之為開啟班或預備班。這樣的方式在不同的郡市鎮裡，會以稍有不同的模式進行，無非就是希望能讓基礎教育，在不同學習能力的學生群當中，打下良好的根基，以穩扎穩打、實實在在的去協助、輔導每一個需要特別照顧的孩子，將我們認為的不必要、不可能，努力去轉化為無限寬廣的學習發展能力，為每一位孩子搭起自己的人生橋樑。

我在芬蘭西部土庫的一所中小學綜合學校裡，就看到了這樣的特別班級。全班不到十位小朋友，配有一位專業、耐心的年輕老師，還有另一位開朗活潑的實習老師在旁協助。教室裡佈置得溫馨、繽紛，老師在黑板上細心地教著母語的發音與音節，或坐或趴在地板墊子上的男女生們，七嘴八舌的學講著。這裡像似私塾一般的輔導教學模式，讓我為這些孩子們感到福氣。

同樣的場景，如果搬到被社會大眾認定是從起跑點就輸給別人的孩子身上，如果他們出生在我們習以為常只重視贏與分數的社會中，我想這批孩子，不用到國三才放棄、中輟，可能小學四、五年級就會被貼上標籤而「棄置」了。

芬蘭如果沒有這樣從起跑點上關注「弱勢」的輔導制，以及即時發現每位孩子需要特別輔佐改善之處，那芬蘭孩子們的學習高低差距必然不會如此小，全球中學生評量的PISA測試成績，就不會如此平均、優良。

記得多年前，我在台北東區帶過幾位小五孩子的英文班；當時，這些孩子的媽媽，因為孩子們的英語文能力遠遠落後班上同學，所以焦急不安的想要尋求進步。我當時認為，這年齡的英語，沒有理由學不會，不是學校班上孩子的程度落差過大，就是學校教學的速度太快，或是班級人數過多老師無法撥出充足的時間，去協助和等待每位孩子。

這幾位孩子，不到一學期，成績都明顯提升，我看到他們的進步與自信增強，而且對一門學科從先前的害怕到能夠輕鬆以對，簡直就是所有做老師的最佳成就感。現在身為兩個孩子的母親，我是真的認為沒有完全不能教的孩子，只有願意給孩子希望，以及耐心陪伴、等待他們的老師、學校與社會。

芬蘭的教育，當每個孩子都是心肝寶貝，就像是少子化後的每位父母般，對於任何一位成長進度不同，甚至有些遲緩的孩子，絕對會多一份關愛、照顧與鼓勵。在適時的當口上，拉拔他們一把，在後面當推手，時時鼓勵他們。

土庫市高中的化學課堂

土庫市小學正在教導零年級生的老師

人生其實最像一場馬拉松，一再強調孩子要贏在起跑點，卻沒有適當的去發掘每個孩子的差異、天分與資質，那就是鼓吹每個人用衝刺的方法去長跑！

贏了起點，也可能在中途把氣力和耐力用盡。即使一開始跑在前面的孩子，他們的動力如果無法來自個人，而是來自社會與家庭的壓力和期望，那人生從小就少了自發性的熱情，最後還是無法將人生的馬拉松跑得精彩、完整。

啟動每位孩子那顆學習的因子，讓學習能力不同者，都能獲得不同的關注，是芬蘭教育深信不疑的信念。

芬蘭秋天的森林與湖泊

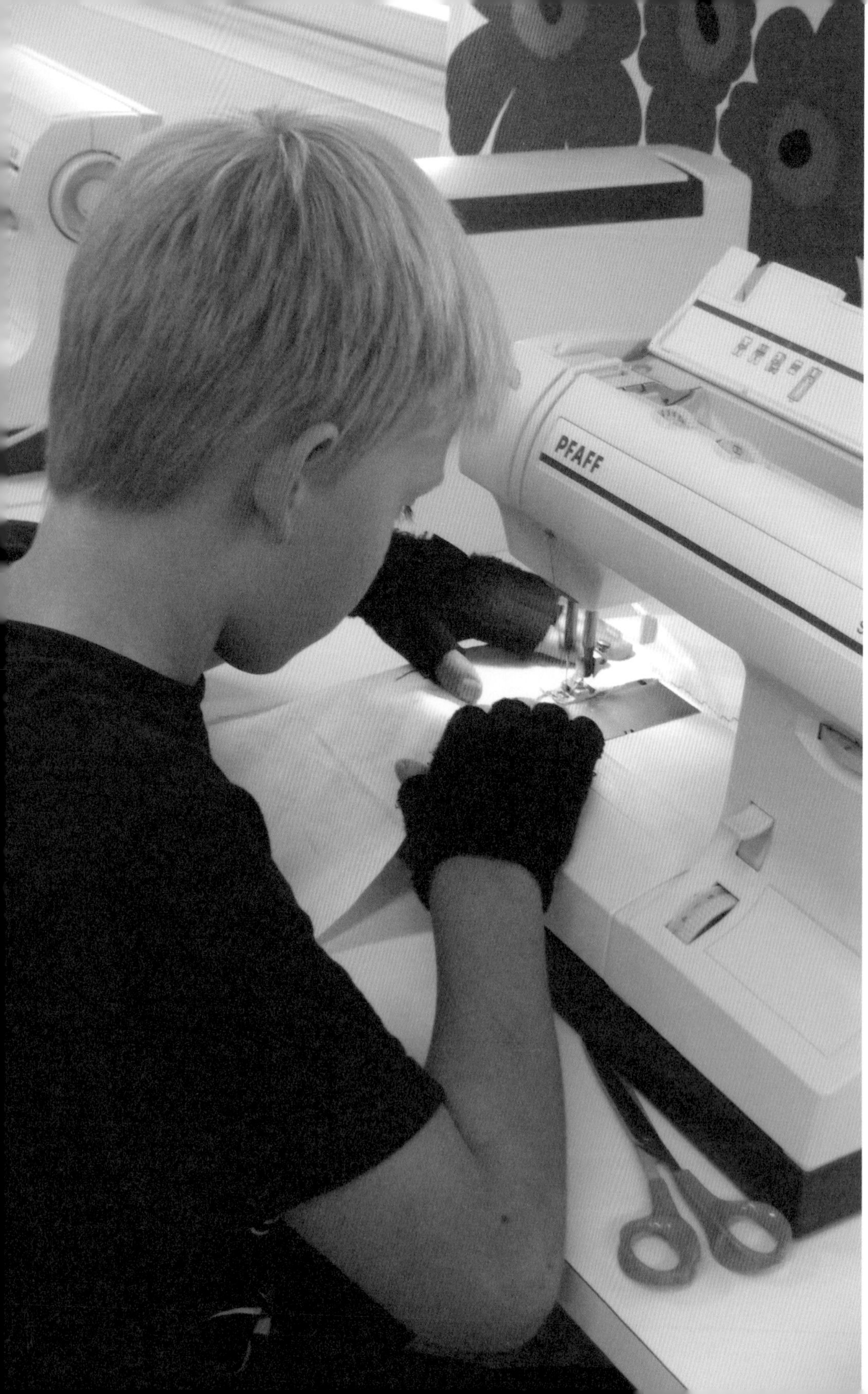

《工藝課》踩縫紉機的小男生

Chapter 3

基礎教育篇

通識的開端

芬蘭擁有全世界學生落差程度最小的基礎教育制度，除了其獨特的小班制教學、補強教育、長短期特殊輔導、個人課表設計、優異師資等之外，她的基礎教育還傳達了什麼樣的「森林全貌」？實質教育內涵，又有什麼獨樹一幟之處呢？

《母語文》Mother Tongue & Literature

語言，是自我表達的基礎，也是建立自信的開端。芬蘭認為，孩子一出生，就開始學習了，所以有什麼課程，比母語更重要呢？

因此，芬蘭教育非常強調「語言」是建立通識的第一步，而母語是所有學習的根本與基礎。學齡兒童可以依其出生背景，自由選擇以芬蘭語、瑞典語、吉普賽語、手語、原住民的薩米語等為母語。

母語文課程包涵了對語文的認識，小學一、二年級必須上滿十四節課，也就是每一學年平均每週有七節。

三至六年級的四年間，略遞減為平均上滿十八節課；隨著年級升高，因為選修其他外國語言課程，母語文就逐漸遞減為七至九年級的三年中，平均上滿十節課。

《第二官方語與外國語言》Second National & Foreign Languages

通常各學校自小三開始，加入第一外國語課程；目前英語是大多數學校的首選。從小三起的三至六年級間，第一外語課必須上滿九節，其後調整為七到九年級間的平均七節課。學校可以從小三起，依當地政府與學校決定是否多增加另一種外語做為選修課。

第二官方語言是瑞典文，六年級兩節課，七至九年級四節課。對於母語為瑞典文的學生，芬蘭文則為其第二官方語，開始的年級依各市府與學校決定。

對學習語言興趣濃厚的芬蘭中學畢業生，必修與選修，可多達五種語言。而一般學生，也至少會有三至四種語言學習的機會。因此，語言的學習，不論是母語，還是外語，在芬蘭基礎教育的課程時數中，占了相當大的比重。

《數學》Mathematics

數學這門課，對我們來說，是最熟悉不過的；我們十五歲中學生在二〇〇七年的數學科目國際評比時，成績就相當出色。然而，成果只略低於我們一分的芬蘭，與亞洲數理學習成果最大差異之處在於，芬蘭孩子極少需要下課後額外去補習數學。

韓國國家教育評估機構洪博士語重心長的跟我說：「韓國學生的成績，是靠著持續不斷的私人教學與補習。」

▍俄、芬雙語學校的《英文課》

在各項研究與報告中顯示，芬蘭中學生每週花在數學的時間，只有不到韓國學生的一半。芬蘭學校提供的數學教育，卻已然達到與亞洲國家旗鼓相當的成果。這種標準的事半功倍法則，令日韓美英德等各國人士，嘖嘖稱奇。

芬蘭基礎教育的數學學習時數，是從一、二年級的每學年六節課，到三至六年級的平均上滿十五節課，其後則在七到九年級時平均上滿十一節課。

芬蘭核心教育課程綱領界定，數學教學的目的，主要在發展學生運用數學所啟發的思考、概念與解決問題能力。

《環境與自然》Environmental and Natural Studies

環境與自然課涵括了生物、地理、物理、化學和健康教育等領域的初步介紹，從小一開始認識自然界、生態、環保等概念。希望建立學生對於自己與他人，乃至全人類生物的多樣性，衛生健康以及對疾病醫護都能有所認識與瞭解。

小一至小六，會對《環境與自然》做概括式的介紹與認識；隨後國中三年，再分科為《物理》、《化學》、《生物》、《地理》。

《生物》Biology

生物課是為了探索生物之生命歷程及活動現象，協助發展孩子們對自然科學的基本思考。老師也藉由實地觀察自然的學習與認識，讓學生對生態環境的發展、保護，與生命各階段的成長都有所認識。

《地理》Geography

芬蘭教育理念裡，十分強調「跨科學」之間的關連，與國際化的概念。地理課不僅認識芬蘭，也擴及整個歐洲到世界各地，課程內容會注重瞭解整個世界地理，孩子們因此認識到自然界的豐富多元、世界各地的地緣環境，也要學會去欣賞多元地理區位的差異，開始對於跨文化間有所尊著與包容，並對國際化有所認識。

國中開始的地理課程，則是希望能為《自然》與《社會》，搭起通識基礎的橋樑。學生從相互配搭的課程，認識全球自然生態、文化、社會和經濟現象之間的關聯，以及對這些關聯的起因有所瞭解。

所以地理教育不再只是記憶哪條河有多長、哪座山有多高，而是希望學生日後能成為一位活躍的全球公民。學生除了對自己的國家與環境有所認識外。還要瞭解並致力於推動人類與環境的永續共存。

一旦學生從小就瞭解世界上有哪些需要關注的重要議題，就會自然培養出持續關懷環境與人類活動的胸襟。

《物理和化學》Physics & Chemistry

《物理和化學》課的課程設計是希望鼓勵孩子們瞭解美好環境和安全環境的重要性，讓他們對於環境有責任感，以及學會如何處理環保有關的物理和化學知識。

國中階段，課程重心在發展學生的實驗能力與相互合作習慣，並鼓勵學生對於物理學科產生興趣，瞭解物理與科技在每日生活、居住環境和社會發展中，所扮演的重要角色。

芬蘭學校到處可見的學生習作海報：認識世界與歐洲

所以《物理》課是幫助學生發展理性思維與客觀認知的科學人格特質，希望發展學生對於環境保護與能源、資源使用的抉擇力與評斷力。

《化學》課的終極目的，則是希望學生能在不同的生活情況，運用化學知識，不僅去瞭解化學在社會、居家環境和每日生活科技中的重要性，也有能力去做決定與討論。課程運用大量做實驗來觀察、研究物體所產生的現象與日常居住環境的關聯。

《物理課》正在做動力實驗的中學生

《化學課》正在教課的中學老師

《物理課》正在做實驗的中學生

《健康教育》Health Education

這是一門以學生為主體的課程，老師會從孩子或青少年的生活各個層面開始，和學生一起瞭解人類生命週期每階段的現象與如何面對。學生更從生活方式、健康養成、疾病認識、個人社會責任等，綜合認知如何對自身與周遭環境的健康負責。

大女兒開心的對我說，《健康教育》課，讓她們學到很多生理知識。也讓我瞭解到這堂看似一般個人衛生的冷門課，實際上成為學生探索自己身體、心理以及社會相處能力的「通識型」課程。

自從老大的學校教導成長中孩子每天所需之卡路里後，兩個女兒便每天吱吱喳喳的討論所吃食物的營養值是否足夠。

尊重多元的開始

整個「通識教育」概念，就是藉由學科與學科之間的相互貫穿、連通，讓理化與身心衛生，都可以融合在基礎教育裡。孩子們先在小學六年中，看到整體基礎知識的一整座「森林」，到了國中三年，這些學科才逐漸分成為獨立的課程。

芬蘭學生們從基礎教育中，不只整體瞭解了生物、地理、物理、化學等等之間的整合式概念，連家庭經濟課（家事教育）、體育、社會倫理學科，都逐步建構相互關連，而成為網狀的通達式學習環境。學生不會只知其一，而是自然而然的在一門課程之中，被導引連結到其他學科的學習。

所以芬蘭基礎教育，是著重實際、實用、整合各個面向，而知識與教育更必須結合日常生活、成長環境、生命經驗、在地與全球關聯性等等；再配合對實作、實驗的重視，讓學生既均等又平衡的學習各種學科。

《宗教》或《倫理》Religion or Ethics

芬蘭從小學低年級開始修《宗教》或《倫理》課；沒有選宗教的，就會去上倫理課。

宗教課程的內容很多元，倫理教育更會引導學生認識宗教與人生。但無論是宗教，還是倫理，都不是狹義的只介紹宗教或倫理，而是廣泛的探討與認識各類宗教的核心價值和人類的心靈需要。

學生除了認識自身與家庭所持守的宗教外，更從課程中知悉、建立寬廣的視野與良好的社會道德。

宗教對於人類文明的發展有深厚影響，所以芬蘭學生不只要認識自己國家最普遍信仰的基督教路德教派的教義，也必須瞭解其他宗教的精義，與不同文化背景的宗教觀。

課程內容著重宗教所形塑出的芬蘭社會精神與價值，希望能增進孩子的世界觀、生活哲學觀；教師藉著和學生的經常討論、不斷反芻去討論各種與宗教有關事務的理念與價值。

兩個女兒在不同學校，小女兒上的是宗教課，大女兒則選擇上倫理課。上宗教課，是因為學校裡以英文為主的學生夠多，可以單獨組成以英文教學的宗教課。而上倫理課的老大，則因為學校所開設的宗教課老師以芬蘭文教學，所以她選了用英語上的倫理課。但不論是宗教或倫理，她們都很歡喜探討生命的價值，學習認識多元的社會。

開闊與內外兼具的視野

《歷史課》History

新課綱中，小四可以開始上歷史與社會課，從史前開始探索各個古文明的興衰起落，也逐漸把北歐地區的民族遷徙與歷史沿革，循序漸進的讓學生瞭解東、西方文明遞嬗的軌跡。

希望以長遠眼光、開闊心胸的教育理念，讓學生瞭解，人無法自外於世界，國家公民也必須是全球社群的一份子。

《社會》Social Studies

從個人與社會人文層面，把社會科的基礎概念和學科範疇，以全貌式的教學引領學生逐步去認知。

學生會從中瞭解公民的社會責任、社會各階層、各面向的生態，學習相互尊重的重要性，以及實際生活會運用到的各類常識。

《體育課》Physical Education

新課綱中的體育課是：一至二年級兩節課，三至六年級九節課，七至九年級七節課。

芬蘭學校一般都有室內體育場，依照學校的規模大小，有些學校或許會有足球場，但不見得都會有我們習以為常的露天操場，畢竟芬蘭最好的季節是暑假，一放就是兩個半月。所以漫長的嚴寒秋冬學期之中，反而需要裝設有暖氣的室內運動空間，讓學生們在五、六個月的嚴冬，仍有適合的運動場地，保持規律的體育課程。

依課程計劃，除了利用室內體育場外，隨處可見的森林綠野與公園都能成為體能課的腹地。而短暫的春夏之交，就是師生戶外教學和踏青的最佳時機，冬天則成了滑雪和溜冰課的天然體育場。

體育課除了各種球類運動的接觸練習之外，其他跑、跳、擲、律動、舞蹈等等全都設計在課程內。而戶外進行的溜冰、下坡滑雪、越野滑雪、冰上曲棍球等，以及鄰近社區室內游泳池進行的游泳、跳水、水上救援等課程，都讓學生樂此

赫爾辛基小學四年級生會受邀參加國慶日的市長舞會，這是《體育課》時學習各式舞蹈與成人禮儀

不疲。另外，芬蘭從小三、四年級開始，會教導學生使用地圖和指南針，讓學生從樹林區域裡，學會識圖、辨識方向與尋覓路徑走回學校。

其實，冬季運動對芬蘭和北歐孩子們來說，是基本功。芬蘭人熱愛運動，各類運動都會去嘗試，並從中找到終生合適的興趣。

大女兒班上的芬蘭同學，絕大多數都會在舞蹈、體操、溜冰、高爾夫球、網球、足球、冰上曲棍球、室內曲棍球（floor ball），選擇一兩項熱愛專注的嗜好，其中也有業餘高手，大家自得其樂的以多元化的方式去自我發展。

《教育與職業輔導課》Educational & Vocational Guidance

這項課程是希望學生逐漸瞭解個人的學習能力，也認識社會中的各行各業，為往後的人生發展出必要的自我充實技能。

這門課程在小學間，依照不同學校與當地政府的課程表，逐步為學生介紹各種不同的職業類別，而課程內容的設計，是讓學生儘早明白自己和家人所處身的社會，不僅有著各行各業，也鼓勵他們觀察、瞭解周邊環境所出現的各種行業。

國中時期的兩年《教育與職業輔導課》，是讓學生瞭解教育和人生與成長的相關性，並認識各職業的工作概況與技能需求，對於國中後的人生選擇，究竟是要進入普通高中還是職技教育，就能有比較基本而廣泛的認識。

精彩、平衡的人生路

《音樂課》Music

曾經，芬蘭的音樂課不過是「唱遊課」，經過幾世代以來的教育改革，芬蘭才回歸到最基礎的「音樂課」定位。

課程中協助學生熟悉各類型的音樂，從不同的學習與欣賞經驗過程中，找到自身對音樂的興趣。讓學生廣泛接觸各類型樂器和歌唱，鼓勵學生在瞭解音樂之餘，想一想自己將來是不是有從事音樂活動的興趣或特質。並且啟發他們試著以音樂方式來表達自己的情感，從而輔助學生瞭解如何藉著音樂與自己相處，協助他們在音樂世界裡，讓心靈健康的成長。

音樂課希望學生可以學會對音樂的欣賞，無論是古典、流行、搖滾、重金屬等

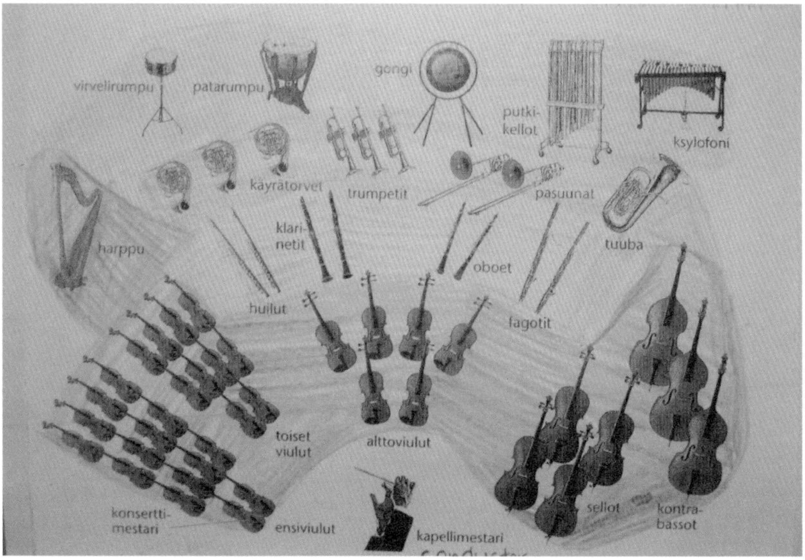

大女兒的《音樂課》講義，介紹古典音樂及交響樂團配置

都好，所以不僅是器物或技術層面的教導，而是在接觸各式音樂的探索過程裡，學會尊重與欣賞多元音樂表達型式，探索自我興趣，養成人生在音樂藝術上的開放態度。

女兒們在這幾年的音樂課裡，從古典音樂到流行吉他彈奏，從爵士鼓到鋼琴、電子吉他、芬蘭民俗 Kantele 琴等等，都一一接觸到！

《視覺藝術》Visual Arts

發展孩子們的視覺與藝術思考，是這門有關視覺、藝術、設計概念課程的著眼點。它不只是美術課程的繪畫或雕塑手藝等等，還包含視覺表現思考、藝術與文化認知以及環境美感與建築設計、媒體與視覺傳達等更深層的人文意涵。

這樣豐沛的學習模式，就是希望培養學生廣博、平衡的視覺概念與思考習慣，以及對於美感與道德觀的概念認知。學生除了能夠動手創作表達自己想法與觀點的平面或立體作品，還能體驗視覺藝術在社會中的文化、傳媒、建築與人類環境中，所扮演的重要角色。

為孩子們創造一個屬於自己、瞭解群體的藝術賞析關係，讓孩子能自我創造視覺表達

小學六年級的《音樂課》

的能力，並能同時賞識世界與芬蘭的文化藝術，從而愛惜自己、珍視國外文化，更知道如何從現代視覺觀點，去看過往與未來的世界。

《工藝課》Crafts

芬蘭的男女生，從小就開始一起學著勾打毛線、踩縫紉機、運用鋸鎚砂磨、拼製電路，這成為芬蘭教育中最注重基本與實用，且最具有兩性平等意義的象徵。

這些課程讓孩子們從實作中，完成一項接一項的工藝品，還學會生活裡最需要的技能，讓原本就沒有階級之分的平民眾家子女，學會最生活化、一生受益無窮的自我照料本事。

一代接著一代的芬蘭孩子，在基礎教育的各個階段，實實在在走過這些無分男女、不貼性別標籤、摒除貴賤貧富的工藝課程，不僅在往後的人生年歲裡，可以運用學校裡真刀實槍學到的技能，打理自身生活與居住環境裡的大小雜事，也帶動職業技術教育的學生，透過更專業的學習，把原本已經在基礎教育就學到的技能概念，進一

《工藝課》老師正在教孩子們編織

步發揮出來。

這種同時瞭解技藝、文化、素材、環境和各項因素相互依賴性的訓練，讓孩子們有系統、持續性的藉由各類工具與材料，獨立或合作完成學校的工藝作業，更開展了學生的創意啟迪與解決問題的能力，以及增進手腦協調和肌肉動能的強化。

芬蘭學校一直都有自由選修各類藝文與工藝課程的彈性；七至九年級間，音樂、視覺藝術與工藝課分別各有兩節必修課，此外在這三年間，學生還有五節的藝術與專有技術課程可以選擇。孩子們在小學期間木工與手工技能已有一定水準，所以課程中能有更多的時間，讓學生發展出因應挑戰性作品的能力。

《工藝課》國中學生的木工課

這門有著內容包羅萬象的家庭經濟課，從國一開始。這堂課中，學生會逐漸認識各類食物與食材，以及各種食物的營養價值，當然也包括舞動鏟刀瓢鍋、烘焙製作、煮飯炒菜等實際動手做。

課程還包括認識一個家庭的基本經濟與預算概念，如何計畫性的購買物品、如何處理與分類洗滌一般衣物、如何照料和清洗特殊材質的衣服、如何正確使用洗衣機和洗衣劑、如何整理家裡和房間、垃圾的分類處理與丟棄等等。

當然，最重要的，還有教導學生如何正確使用金錢的觀念與儲蓄、理財，是一堂相當具有實用性的課程。

《家庭經濟》課的中學生練習炒菜料理

羅亞市中學孩子在《家庭經濟》課做的糕點

真槍實彈的生活教育

在芬蘭不同的城鎮，無論是大規模或是小型的學校，我所看到配置給《家庭經濟》與《工藝課》的教學設備和器材，一點都不含糊！不僅完善俱全、整潔新穎，還非常重視學生安全防護的配備。當我看到小小年紀的學生實地操作各類器具時，不禁讚嘆連連！而且這些課程，絲毫無虛晃一招之意，樣樣都是玩真的。我看到老師們總是腳踏實地的在教，學生們也實實在在的動手體驗，一點都不造假，或由他人代勞！

小女兒的工藝課

一群學生共同炊煮飯餚，看他們興高采烈的男女生一起洗手做羹湯；而該去踩縫紉機織布縫衣，或拿起兩根長針編勾起毛線時，一樣不分小男生、小女生的「打」成一片！或是用電氣鋸子切割木頭時，平常外人看起來有點嬌柔的小女生們，可一點也不比男生們生澀、懼怕，護目鏡和耳罩一戴，儼然一副木工師傅的架勢，又鋸又釘又刨的。當男生打毛線、烤麵包之際，也沒人會說這是女生的事，在廚師成為全球熱門行業的今日，許多芬蘭男生深感慶幸，真心愛上這門課！

工藝與編織、家事與廚藝，一切生活與生命中最真實的事情，就在孩子們雙手親自去學習的幾年之中，點點滴滴的灌注在他們的血液和基因裡。

沒有家長們的操心、代勞、干預，既不會馬馬虎虎交差了事，也不會自欺欺人的由親友偷偷代為動手。

看到小男孩們在縫紉課堂上，樂在其中，老師們很歡喜的說：「男生們可真愛踩縫衣機咧！」

我忍不住問了句：「為什麼呢？」

老師們更開心的回答說：「因為，縫紉機是部機器啊！」

下課之後

芬蘭基礎教育法的課前與課後活動（Before & After School Activities）法規規定學校或學校附近的機構，每天上午七點到下午五點的學年期間，每日提供三或四小時的活動，全年共提供五百七十或七百六十小時的課前與課後活動，每月收費依地區與活動之間時間長短而有差異，赫爾辛基的相關費用這兩年是一二〇至一六〇歐元。

這是縮短或避免低年級孩子下課後，必須面臨獨自回家的危險，也是為了讓父母親能放心工作。此項計畫已經推動，在全國實行。

活動的設計，主要是讓孩子們玩樂、休息、從事創造性與啟發性的活動，並提供舒適的環境給孩子做功課，與學校共同合作的機構則會提供相關的體育、繪畫、語言、音樂活動或課程。

至於其他年級的芬蘭孩子，多數不是自己回家，就是會在課後去上一些自己有興趣的課，其中有舞蹈、藝術、音樂、體育、育樂等的活動。這些大多不是由學校提供，而是交由當地政府或私人活動機構所長期規劃配合的。

這聽來有點像我們俗稱的「才藝班」，但在芬蘭或西方的說法是「興趣」（Hobby），也就是人生的興趣與嗜好，像是一種可以讓孩子終生受用或熱愛的事。

芬蘭孩子的「興趣」不少，因為芬蘭人相信，孩子總應該要有一、兩項感興趣的事情或活動，那是對於生命與生活周遭事物探索的基礎，也是能度過漫漫冬日的潤滑劑。因此，下課後，大多數的孩子會離校去從事不同的活動，或去上不同的課程，不論是音樂、運動、藝文類等等。

下課休息時間的芬蘭學生們

英文，怎麼教的？

有一回，朋友問：「妳知道嗎？我們去參觀一所小學，問老師到底學生怎麼學英文？你們如何教英文？老師竟然說她不知道！」

嗯，這個問題，我有自己的觀察與說法。

很多事物，對某些人來說，理所當然，只要平平實實的去做就對了，並不會特別去思索為什麼會如此？而教學效果到了一定程度時，就以既定模式持續教導著，不需要再瞭解為什麼要這樣教，會產生什麼效果。直到某些局外人問起，才一語驚醒夢中人，而一時之間答不上話。其實這很正常，更何況芬蘭老師可能本來沒想過自己有什麼特別祕訣！

我又想起，有一回台灣媒體來訪，在學校訪問行程之後跟我說，她問起學校的英文老師：「請問妳們英文怎樣教的？」老師竟說不出個所以然來，只回答：「就是這樣教！」

我們一定都渴望聽到什麼祕訣與訣竅，最好來個一二三必勝法，或是如何在五天內學好英文等等。但是，芬蘭教育體系的語言教學之所以成功，不是速食麵式的一蹴可幾，而是經歷過教學理念和教學方式的重大演進與長期變革。

曾經，芬蘭的英語教學，是以文法、字辭和翻譯為主，學生學習的東西不符合日常生活需求，不僅過於著重讀與寫，還忽略了一般最常需要使用到的口語演練，也未著重於學生對整體外語生活環境的認識與聽力訓練，無法以耳濡目染的方式達到接觸語言資訊的效果。

芬蘭的教育改革，對於語言教學與學生學習方式的改變，絕對是最值得關注的重點之一。改革的方向打破了以往過於著重文法、語辭的記誦方式，而改以充分的讓學生進行聽說的演練，再配合讀與寫。

當然，師資培訓的方式與教育，改變老師的教學模式與心態，持續的師資在職訓練，另外再配合教科書出版商隨之調整取材與編輯方向。從教育政策、教學概念、教學方法、教學材料、教師訓練等，整體共同良善循環的改變，花上不少時間與精力；但確定方向後，努力走下去，就走出芬蘭在英文及其外語運用能力上的一片天。

此外，芬蘭不論最大的國營電視台YLE，或民營電台的各種外國電視影片、影集等，都不會專門配上芬蘭發音，而是原音播出，同時打上芬蘭文字幕；不僅讓芬蘭的孩童與青少年可以在觀賞電視時，聽到道地的外國語音，更能看到與學到芬蘭文字。

這項外國影片不配芬蘭語的決策曾經引起廣泛的討論，但最後決定性因素是考慮國家人口少，要為幾十部，甚至上百部電視影片、影集配音的成本，實在太高，不符影視經營成本效益。

所以除了少數針對幼兒和兒童趣味性的影片外，各類進口的外國電視節目、影集與電影都維持原音，再配上芬蘭字幕。來芬蘭考察、採訪的專家學者與媒體，都認為這項決策對於芬蘭近幾十年來不同世代的外語學習，輔助效果非常大。

當然，更多人認為網路與電玩的興起，以及國際化的因素，加上英語使用已遍及全球，對芬蘭這幾年新生代的語言學習，也提供了相當程度的啟發。多次參訪中，我看到現階段芬蘭學校的英語上課方式，綜合了CD或錄音帶的使用、聆聽故事、齊聲朗讀、遊戲設計、話劇演出、唱歌練習、分組討論、與相互對話等。來芬蘭的頭兩年，自己曾在赫爾辛基大學上了好一陣子的芬蘭語課程，學了一兩期之後，就躍躍欲試的想要練習自己的芬蘭文，所以看到女兒們在音樂學院，或是游泳課的芬蘭孩子們，我就心癢的用芬蘭文問：「你幾歲啊？」（Kuinka vanha sinä olet?）

他們一邊想，一邊扳起可愛的小手指頭，算了算之後，竟都以英文回答我：「Ten！」或是「Twelve！」

我驚訝的笑不可抑，也和他們開心的，又是英文、又是芬蘭文的聊了好幾句。

後來我想，這些沒上語文補習班學英文的孩子們，只有在學校的語文課程，或許在日常生活中的電視、電玩、電影中學了一點，卻能將所學很自然的運用上，真是不簡單！很可能老師跟孩子說，碰到外國人，別忘了說英文喔！看來，老師的適當啟迪和正確鼓勵，發揮了一定程度的影響力。

我終於抓住了一個機會和台灣友人說：「其實當芬蘭人老實的回答，某某科目就這樣教時，這不就很芬蘭嗎？」

一來，他們多半不認為自己教學方法有什麼了不起的祕密，因為教學理念本來就是很符合人性的自然學習，而不是記誦式的壓力。

二來，如果正好遇到一個木訥、較不擅長對外解說的標準芬蘭性格老師，大家能期待他或她一時三刻間，就能對一項或許從來沒有思考過的問題，侃侃而談出個道理來嗎？

談不出來，不是不知道。芬蘭或許還真不清楚為什麼平實的教書，也會被視為擁有什麼驚世絕學咧？

很多人們習以為常的事，通常不會是日常必須思考的範疇，或是認為別人會感興趣的問題；對芬蘭老師或一般學生來說，日常上學、上課間都已經再習慣不過的教學與互動模式，或許壓根都沒去深入想過其中隱含了哪一些大道理。

當然，如果遇到一位很國際化，或有比較多向外人解釋、說明經驗的芬蘭人，或是年輕一輩活潑開朗的芬蘭人，那一定會有不同的答覆。

《英文課》兩人分組對談練習

多語言的芬蘭人

一個國家的大小，確實會影響人民的心態和教育決策；住在北國芬蘭這幾年，比較能體會出為什麼自稱是「小國」的芬蘭，也能踏實耕耘出一片屬於自己高水準的教育天地。

芬蘭的國土幅員遼闊，與德國的領土面積相當，但卻只有五百五十多萬的人口，絲毫沒有任何一點足以自大的條件。

小國家沒有說大話的時間與空間，所有的想法與心思，只能轉化為務實的建設、人才的培育、長遠的規劃，這才是最根本之道。

我曾經住過一個西非洲大國，每天電視、收音機打開，就聽到異口同聲哇啦啦喊著自己是「非洲巨人」。她人口上億、幅員遼闊、物產豐富，還有石油，絕對稱得上是不折不扣的「大國」。但那裡的環境與這北國小語種的社會，在心態、教育、知識、見解、廉能、誠信、建設等等各方面，實在有著如同光譜兩端的碩大差異。一般世俗習於看待「大國」與「小國」的分野標準，不再重要了；能不能帶給人民踏實感、希望與未來，才是最真實的國力表現。

我回顧九〇年代初期的「大國」環境。人民不著邊際的聽著各種自誇到不行的口號，以為自己就是世界上的強者，或說，世界就屬於我們，我們非洲人終於出頭天了！無奈，滿是口號的世界十大產油國，日常卻總是缺水、沒電、汽油短缺，以及種種漏洞百出的基礎建設。

十年之後，我踏上了一個什麼資源都沒有的北國，所有淒苦的建國與抵禦外侮的血淚戰爭，她都一一痛苦的經歷過。強鄰侵略、被迫割地和賠償高額戰債、地理位置偏僻到無人知曉、氣候嚴寒長達半年、被西歐國家社群多年來忽視冷淡等等，都是芬蘭實實在在走過的艱苦與心酸。

但這北方小國的人民，卻一直很謙和、內斂，他們明白自己極小語種民族的競爭之道，唯有全力推動和展現國際化，所以外語學習就成為全民共識的重要課題。

因此，如何將教育與多語言、多元文化結合，再確切落實在基礎教育上，一直是芬蘭教育體系相當重視的一環。

時至今日，學習多元語言的成果隨處可見，除了基本母語（芬蘭語或瑞典語）之外，能流利使用幾種國際語言的，比比皆是，大城小鎮、各行各業，都遇得上實實在在能夠運用外語的男女老少。

在一次「瑞典芬蘭文化中心」（Swedish-Finnish Culture Center）所舉辦的多語言國家國際研討會中，一位約瓦斯曲萊大學的語言學者，提出一項正在全國進行的研究初步結果顯示，芬蘭新生代學生已經視英文為一項與世界接軌的重要工具。但學生也普遍認為英文的通行，並不會影響他們對母語的認同與學習，反而會讓他們覺得視野更開闊。他們認為英語的使用，如同瑞士的多功能小刀，讓他們得以在網際網路、報章雜誌、電視電影、網路遊戲的多樣世界裡，和國際上各個相同年齡族群，進行更多元、更有趣、更實際的交流。因此，雷帕能（Sirpa Leppänen）教授認為，芬蘭孩子喜歡也認同，母語就是與朋友和家人溝通的最基本生活面向。母語是本，外語是工具，從不認為英文或其他外文，會對自身本土文化與家園構成一種威脅，反而認為是多元文化的觸媒與基礎。

而我更誠心的認為，現代芬蘭人普遍接受並十分喜好學習英文的主要因素，在於只要是外語，不論是英文還是其他語文，都能讓芬蘭與世界快速、廣泛接軌，並在思想空間上可以暫且超越地域的限制，拋棄過往沉重的小國孤立歷史與悲情，而直接與歐洲和世界同步對話。

不論是二十世紀初期到二次大戰結束時期的德語主流，還是邁入二十一世紀的英語，都成為芬蘭人世世代代以務實考量，找到符合時代趨勢的主流國際語言之後，努力學習的對象，更成為他們尋找進入世界舞台的契機與出口的一種模式。

然而，英語的學習只是芬蘭教育的一種語言選擇。芬蘭和其他歐洲小國一樣，除了母語加上第一外語課程外，還必須多選修一至兩種其他語言專長課程。在芬蘭基礎教育中，提供了學生選修法語、德語、西班牙語等不同的語言學習機會。

此外，芬蘭官方語言除了芬蘭文之外，還有瑞典文，這兩種是差異極大的語系與文法結構，所以學生的語言課業負擔本來就不輕，但他們還是能在語言學習上，展現相當令人驚喜的運用能力。這是會唸書、考試的結果呢？還是芬蘭語言教育上，有一些讓學生能真正獲益、真正能實際用到的教學特質呢？

家長會一窩蜂去選學校嗎？

在國際化、全球化喊得震天價響的今天，當芬蘭普遍把外語學習看成與世界接軌的基本工具的時代，到底芬蘭的家庭與父母，會不會一窩蜂的非要孩子們去就讀所謂的外語，或是雙語學校呢？

在參訪土庫市一所中小學時，我遇上兩位家長，她們的穿著打扮，是非常普通而典型的「正港、本土」芬蘭味，不像許多在海外旅居多年的芬蘭人那樣多彩、有型，反而顯得家常式的樸實。

我問她們，為什麼妳們沒有選擇讓孩子去唸其他的外語學校或雙語班？

一位媽媽家長有點靦腆但很篤實的說，因為我的兩個孩子在許多學科上都需要特殊輔導，想去唸雙語併行的學校，那是不切實際的，對孩子在基礎教育上的扎根並不好。為孩子選擇學校，有時必須看看自己孩子的能力與需求，不能強求。

另一位家裡沒有電視的媽媽說，兒子的學業表現不錯，熱愛閱讀，她樂意讓孩子去這樣的學校試試，只是她先生不願意。我蠻好奇的問為什麼？她笑笑的說，因為他先生認為，母語畢竟是基礎，根基要先打穩。

我很訝異的聽到這樣再平實不過的見解。這幾年我已經體會到，芬蘭的家長們並不會一窩蜂的，搶著為子女們去爭取進入雙語或外語學校等等，追根究柢說來，實在是因為芬蘭的基礎教育和外語教育本身辦得夠好。

因為基礎教育的平等、均衡，以及各地方投注的教學資源相當，大家才不需要「被迫」額外花錢去補習許多學科和外語，而可以放心在一般學校和外、雙語學校之間，進行理性而平實的選擇。

有一回，我沒頭沒腦的問小女兒的老師海蒂說：「赫爾辛基市政府開設了這種IB英語教學課程，難道不怕家長會一窩蜂的想把子女送進來嗎？」

海蒂覺得這好像不是問題的回答說：「如果在芬蘭出生長大的孩子，母語是芬蘭文，我們都認為，最好的選擇就是離住家最近的社區學校。」

「政府所加設的外語，或雙語類型的學校，是給那些自小有接觸其他語言，或是隨著父母在海內外搬遷的孩子就讀，因為他們自小開始或在海外時，就已接觸了英語或是其他語文。所以搬到或是回到芬蘭，最合理的學校選擇，就應該是以偏重在原先所讀的語言，或是雙語學校才對。」

不論是跟著父母因工作必須前來芬蘭就讀，或是常在國際社會搬遷來去的家庭，這些學生時代就常進出國際的孩子，能夠在返回芬蘭就讀時，不會產生太大的母語課業壓力，又能兼顧原有的外語程度，這可以讓移居回芬蘭的父母們，或從外國來芬蘭工作的「候鳥族」，找到更有說服力的安居樂業選擇。因此，給有需要的孩子們，是芬蘭政府設立雙語或外語學校的基本概念。

而對於一般母語為芬蘭文，在學校小三就已經開始上英文或其他外語，不必要再特別找尋另外的英文教學環境，芬蘭的學制和教學水準，已經讓大部份的家長放心地把孩子送進基礎教育體制。至於那些不論是長年旅居國外的芬蘭孩子，或是其他國家移居芬蘭的學生，他們還是處於不斷的變遷生活之中，反而應該要有一種持續學習的基礎語言。

海蒂和多數的芬蘭人，說到了最平實的教育著眼點。

芬蘭教育界為了赫爾辛基的快速國際化，以及希望吸引更多外籍專業人才到來，所以在近幾年，有計劃性的在原有芬蘭學校裡，開設外語或雙語班課程。

這讓更多的外國公司、機構、國際組織、研究人員、教授、學者等等，願意短期間攜家帶眷來到芬蘭，更讓那些在海外工作的芬蘭人，在合約屆滿或調派回國的時候，樂意將子女們帶回國來就讀。有依照子女的語言使用情況，來選擇進入一般芬蘭學校，或是進入以雙語教學為主的班級。

小女兒就讀的中小學，校長是一位年歲不高、思慮敏銳的女士。我始終記得她饒富深意，卻又再自然平實不過的說：

「就算這些芬蘭孩子們只能回來個三年五載都好！」

「他們回到了芬蘭母國，接受到本國教育的內涵，不論是以芬蘭文，還是英文，或是芬、英雙軌來教，都一樣的會在他們心裡，播下芬蘭文化的種子，不是嗎？」

的確，只要有機會回到母國，即便是短暫的，都是一種文化與家鄉情懷的播種；唯有對自己文化與國家深具信心的民族，才會擁有如此開放、寬廣的心靈，和如此有彈性的教育方式與語文教育政策。

海蒂說道：「如果，孩子一直都是在國外的英語系學習環境裡受教，那當然就應該在回到芬蘭之後，選擇有雙語教學的學校或班級，這樣可以盡量兼顧到原有英文的教育基礎，

夏季的芬蘭原野

又能在一定時間內，讓孩子們接受到最適量的芬蘭本國教材。」

「當然，如果孩子從小就在國內長大，母語芬蘭文應該還是最根本的，家長針對孩子的學習狀況，和學校的外語教學效果，再來決定是不是要考慮另外選擇雙語環境。」

校長也說了相同的理念：「我們不希望那些在海外多年的青少年，在一回到芬蘭之後，就必須面對一個純芬蘭語的教學環境，被迫在基本語言環境裡深受煎熬，阻礙他們發揮原先所學的能力。青少年是成長中最苦澀的年齡，實在不要再加添他們不必要的環境壓力！」

教育，為了吸引人才回流與國際人力

小女兒學校英語IB年級中，有從紐西蘭回來的芬蘭兩姐妹、有從非洲到比利時再搬回來的三姐弟、以及法國回來的獨生女等等。他們的父母，來自不同行業。

校長跟我說：「如果要這些因為父母工作調動，而跟著跨國搬遷的孩子，在短期內就融入一個他們無法掌握流行、語言、教材等等的環境裡，然後任他們自己掙扎求生，這是不符合教育宗旨和人性的。」

「我們所希望的，就是提供他們搬回芬蘭之後，能在最短的時間，藉由學校開設的雙語教學班級，協助這些孩子們在壓力比較小的情況下，自然融入母語社會；不論他們將來是不是還要再隨著父母搬出國。」

與其因為基礎教育制度與學校，無法直接提供合適的教育環境，而將原來渴望前來貢獻所長的海外人才，在沒有可以放心讓子女就學的情況下，造成推拒人才於國門以外的遺憾，不如找到一種適當的教育方式，讓家長可以放心的來此安居，然後就能樂業。

雖然，一定也有不少人認為，絕對可以讓孩子們在回返母語環境後施以學習壓力，不論這是不是揠苗助長，反正一年、兩年後，他們總會適應的。

不過，我能理解，也瞭解芬蘭式的想法，因為讓孩子們去經歷這些語言急遽轉換的壓力，並不是每位教育工作者應有的心態。如果都能避開「揠苗助長」，而給予適時輔導，讓他們以自身的步調逐漸在外語和母語間找到平衡調整的方法，這樣孩子們會成長得更良好。

赫爾辛基市政府教育官員比雅跟我說：「如果我們將這些海外回來的孩子們，以及芬蘭當地移民族裔子女之多語言和多文化背景，視為是一項社會整體資產，那教育觀點和想法的層次，就會更不一樣了。」

這些隨著父母在國外與芬蘭遷徙往來的孩子們，直接傳承了父母的本國語言與文化根基，又接受了國外教育體制的培育，以多元的成長經驗與外語、異國文化的生命歷程，正是芬蘭新生代走向國際化的第一線潛在人才。如果讓他們在回到芬蘭的期間，能夠盡量持續原有習慣的外語學習環境，讓他們在學校裡接受和芬蘭學生一樣的課程內容，即使他們有些科目用英文或是以其他的外文來學習，但這也能夠促進他們認知、喜愛本國的心境。

而且他們相信，日後這些孩子長大了，將是芬蘭的資產！同時也是可以直接面對國際社會的中堅人才！

以赫爾辛基來說，她提供了四十多種不同族裔的母語教學，只要學校有超過三個同一語種的學生，就能申請每週兩堂的母語課。這一切的政策與輔導，就是希望這些前來芬蘭的移居者，能安心工作並能繼續留在芬蘭。保住了他們的母語，是為這些孩子日後能順利學習芬蘭文與融入芬蘭社會文化的基礎。

一再的，我從芬蘭不斷強調母語與孩子第一語言的重要性中，學到了平實又務實的教育基本態度。

赫爾辛基設立了一所中芬雙語學校，這是比雅所策劃的，雖然目前是以簡體中文為主。初步主要是給移居此地中國籍、跨國婚姻、研究或應聘工作者、學者教授的家庭，以及曾經旅居過中國的芬蘭家庭子女等。市府教育局把一所即將瀕臨裁撤的學校重新改制後注入雙語學習環境的新生命。

當時這所全新試驗的中芬雙語學校的成效如何，暫且無法評估。這讓我想起，瑞蘇學校校長說，當初要開設英語IB課程時，有些芬蘭人笑話說，你們招不到學生啦！師資很難找啊！當下我心想，開玩笑，這要是在亞洲，從東北亞到東南亞的家長們都會擠破了頭，即使買個千萬房地產在學校旁都得要讓孩子擠進去，不然就是想辦法送孩子們去國外過個水也好。

天啊，芬蘭的基礎教育，想必辦得真不差！不然，大家怎會不看好，也沒興趣去「擠」這樣的雙語學校或班級呢？畢竟，基本教育體制辦得好，剩下的就是個別家長自己的選擇了。

而令我也很好奇的另一個層面是，為什麼芬蘭這種由政府設立的外語或雙語學制，不會被戴帽子的說成是一種「特權」呢？或只為少數孩子「量身打造」的呢？

為什麼這樣的政策建議，是來自於像赫爾辛基市政府教育局的遠見、創意與執行力，而且是為了因應各種產業與社會人文的國際化趨勢，和希望招引國際人才或芬蘭在海外的人才回到芬蘭，而與芬蘭外交部、國會轄下的「芬蘭創新基金會」（Sitra, the Finnish Innovation Fund）等各大機構與國際公司，一齊研議出來的計畫註6？這樣開闊的胸襟、教育創意與規劃執行能力，是芬蘭人既務實又彈性，而且深深關懷下一代受教權心意的呈現。

他們預見芬蘭公、私機構與教育體系在面對芬蘭日益國際化之際，需要有計劃的吸引更多國際人才，不論它們是外國人還是芬蘭人。所以芬蘭在重視「走出去」國際的同時，看到了如何讓國際人才走進來的重要。而最讓國際人才與家庭重視的子女教育問題，自然也就成為芬蘭教育當局直接肩負起來，並且直接在國家教育體系中付諸實施的責任。

為了使赫爾辛基以及芬蘭其他各縣市更趨向國際化，不必要的疑問或包袱，不再困擾芬蘭教育當局，也不會成為教師或校長們的問題；他們的眼光，超越了這些劃地自限的思維，而願意以「適材適所、因材施教」的基本概念，去擁抱身具各種多元文化與教育背景的未來主人翁。

註6：台灣這類型的學校，如台北市的新生國小等，已經可以接受海外返國家庭子女的語教生，但國中之後是否也有更多的銜接選項？目前新竹科學園區與南部科學園區的實驗中、小學，原先是為海外歸國的高科技界人士子女所設，並非施行於一般義務教育體系之內。但芬蘭是逐步在整體義務教育中包括國中小、高中、大學教育等，都開始執行吸引各行各業的國際人才子女進入與回流芬蘭，除了在整體教育中，為這些海外家庭子女們納入以芬蘭語學習之外，亦加設不同語言為主的雙軌學校（如愛沙尼亞語、俄語、法語、德語、英語等等）；這樣投入國家教育資源的作法，既前瞻又務實，而且執行成效有目共睹。

閱讀是終身資產

有一回，我打電話回家，父親問起小女兒平常都在做什麼？她想都沒想就說：「唸書啊！」

我爸聽來大為歡喜，一定想說，這小外孫女果真前途無量哦。

我連忙跟女兒說，妳要跟阿公說，是在閱讀（Reading）啦！她是很喜歡讀故事書或小說，不是一般大家習慣所講的在「唸」學校裡的教科書（Studying）！

此後，阿公就知道要改口問說：「那妳最近讀了什麼樣的小說啊？是英國的，還是美國的作家？故事是什麼呢？妳已經讀了幾本啊？」

嚴格說來，「閱讀」與「唸書」，有著極大的分野。

孩子們平日確實是人手一書，隨時隨地利用時間空檔，讓自己浸染在文字與故事的奇幻世界裡。這與學校考試期間，必須要讀懂的世界歷史和古老文明等教科書的內容，大異其趣。

而喜愛文學與閱讀，一直是芬蘭和西方教育十分鼓勵孩子自小養成的生活習慣，這項習慣，也的確讓一代接一代的芬蘭學生，透過文字世界，為自己搭起通往廣博知識的橋樑。

這幾年以來，許多人百般好奇的想知道，到底是什麼樣的原因，讓芬蘭的孩子在閱讀的國際教育評比中表現如此優異？有沒有什麼推廣閱讀的祕辛可以分享？世界各國都想到芬蘭一探究竟。

當人們如此一問，芬蘭人通常會有點嚴肅並一本正經的告訴你：「因為芬蘭文的讀音和文字相符合，你讀的就是你寫的，你寫的就是你讀的，所以，教導學生閱讀母語文字，比較不困難。」

當然，他們也會加幾句話：「因為我們國家的歷史文化傳統，並不悠久，所以歷史和經典文學，兩三下就讀完了。」然後，他們會不好意思的再加上：「芬蘭的冬季漫漫，在家閱讀，是最佳的生活調適和潤滑劑。」

也有人選擇以不知所以然的聳聳肩、搖搖頭；畢竟當一切事物都源於自小養成的習慣，反而一時之間，也難以去思索何時、如何、為何會養成熱愛閱讀的習慣。

閱讀之於芬蘭人，早已是一種普遍的習慣，他們重視閱讀的程度，或許就和我們對數理學科的看重一樣，也更像是印度學生必須將九九乘法表不只背到九乘九，而是廿五乘廿五一般的重要。

但閱讀絕不是芬蘭獨有的文化資產，閱讀在歐美早已行之多年：許多的家庭，在孩子出生後不久，父母很自然的會去找適合零歲時期的塑膠小書、玩具書本，就在嬰幼兒舔了又舔、抓了又抓，既有視覺影像，又有語音入耳的多管齊下，加上父母們輪班上陣陪伴之下，從玩具書、圖書、生動的繪本等，再逐步躍進深淺不一的文字書與創意故事裡。如此的循序漸進，在家、在學校都能依照各個孩子的閱讀進度，多年如一日的灌溉與培養，那閱讀的深耕人心，必會生根發芽。

書與閱讀，對於西方和芬蘭教育來說，就是培養孩子終身受用的生活興趣。讓書與人從小就產生互動，並成為能伴隨一生的友誼與養分。從這個角度來看，或許更能知道為什麼芬蘭會如此重視閱讀，與鼓勵孩子們去探索書中世界。把養成學生的閱讀習慣，視為最重要的教育基礎；因為，這對他們一生都重要。

因此，重視閱讀不是短視的只期盼孩子能贏在起跑點上，重視閱讀不是只想要讓學生成績評比頂呱呱。

重視閱讀的真正意涵，更不是只想要創造出過目不忘的天才。而是希望能培育孩子有興趣找書來看，養成獨立學習與思考的習慣，才能在知識的空間中自由自在遊走，開啟心靈與腦海中的創造、幻想與視野。當學子們能受惠於書中的任何人物、故事與角色的互動，醞釀出往後成長生命中的厚實養分，那閱讀就真正能豐富自己的人生，藉著文字、文學與文化，認識自己並探索人性。

負責編著教科書，芬蘭最大出版社WSOY的出版經理跟我說，我們芬蘭人很愛書，像我如果要送孩子們禮物，首選必定是書。

我一直深刻的體認，西方式的教育，有許多理念與精神是相似相通的；其中最顯著的一項，就在希望學生終生閱讀、一生愛書的養成。

如果一定要有所分野，那芬蘭只是將這個理念落實的最平民化的國家。追根究柢，芬蘭現在的父母從上一代就接受到了普遍的啟發，對於閱讀相當重視，所以會繼續導引下一代也一起進入閱讀的世界，世代交替的從孩子一出生就開始帶他們去接觸各種兒童書。

因此，閱讀在芬蘭，不是資質優異、環境良好、或書香世家孩子們的特權，而是一項普羅大眾都可以擁有的資產，與一生受用的能力。

土庫市立圖書館

每日至少半小時的閱讀

根據國際學生評量計劃（PISA）的研究，芬蘭中學生閱讀能力表現極為出色。雖然芬蘭女孩的閱讀力普遍高於男生，但芬蘭男孩平均閱讀力卻是眾多參與評比國家成績中表現不錯的。

這除了奠基於芬蘭整體社會一直以來都有相當水準的閱讀能力，更有賴於在一九九〇年代初期，芬蘭政府與許多民間機構組織不斷的推動強化閱讀的扎根。不僅各級學校長期推動閱讀，芬蘭的書籍協會、出版公會、圖書館協會、報業公會、期刊協會、教師協會等都廣泛長期參與，這就像一張綿綿密密、生生不息的網絡，把芬蘭男女老少緊緊的擁抱在書香世界的懷抱裡。當整個社會不分世代、族群、性別都有了相當的共識，就是促使閱讀平實化、平等化的最佳基礎。

我一直很愛看孩子們沉溺於書海中，全神貫注的投入、汲取故事情節。我原來以為兩個孩子只是隨意看看，但日復一日，我聽到她們興高采烈對談著書上讀到的冒險、驚奇、開心、傷感……，也聽到她們說，多麼喜歡哪一位作家、哪幾本書、哪一些故事情節的創意十足、哪幾本經典已經被拍成電影……她們從書中，獲得了另一種滿足。

在西方教育理念裡，學校在孩子年齡很小時，就開始引領學生閱讀，這一點，從當初我們在美國就已見識到，一直到後來進入芬蘭的國際學校，以及孩子分別陸續轉到芬蘭學校等，芬蘭與歐美老師們理念一致的對於孩子最基本，最常見的要求，就是一生「閱讀」習慣的養成；對父母的期待，也是多陪著孩子閱讀。

閱讀的培養與引導，方法很多，但來自父母與家庭的陪伴和鼓勵，絕對有極大效果。這一點，芬蘭的父母與學校師長，一直都有相當普遍的共識；再加上芬蘭基礎教育的根基扎得穩，人民知識水準普遍不錯，所以閱讀習慣成了代代相傳的良好習慣。

而孩子入學後，學校的系統化引導與鼓舞，是讓閱讀建立起平衡與平民的最佳根基。芬蘭孩子們的每天家庭作業之一，就是「至少半小時的自我閱讀」。

「功課」中的這半小時，不是要學生再繼續啃讀制式的教科書，而是鼓勵去讀自己想看的書，用自我引發興趣的方式，讓他們沉浸在書籍的世界。

這半小時的閱讀，基本上是良心與榮譽制的自我要求，不會有制式化按表操課的白紙黑字閱讀手冊，去逐一記載唸過的書名。學生讀多、讀少，是自己對自己負責，是自己要或不要建立起來的人生習慣。

畢竟，芬蘭教育是希望學生學到獨立自主，方法雖然總會依不同的學校與老師，而有所不同，但基本盼望都是相同的。有趣的是，唸過不同學校的兩個女兒，所碰過各年級不同的英美籍或芬蘭老師，從鼓勵角度和運用人性化方法引領閱讀的本質與精神，竟完全相同！

閱讀環境的引導

孩子們在學校，雖然有老師依循年齡層所建議的各種讀本，但學生的抽屜一翻開，總會有一本屬於自己喜愛的閱讀書籍。

當孩子能坐擁心有所屬的故事，就會以自己選取的書為榮，在同學之間的閱讀氛圍相互鼓舞之下，藉著閱讀和老師主持的心得分享，創造出不同的想像空間和更廣泛的閱讀能力。孩子在讀完自己書時，對於他人提及且讀過的書，一定會聽得津津有味，並會百般好奇的想要親自一探究竟。如此的相互交流，不僅讓老師得以營造出群體閱讀的風氣與平台，更讓孩子們創造出一個與自己賽跑的健康閱讀模式。

鼓勵閱讀的方式，不一定非得有任何形式的表單或讀書報告。好的老師，不需要以收集孩子讀了幾本書的數據作評量、寫績效報告，而應該以孩子能否樂於其中為最後宗旨。

強調、鼓勵、啟發、引導閱讀，一點一滴的從小開始，不必用相同的單調模式，而是依照每個孩子的興趣與閱讀深淺，去為他們量身選擇不同的書冊。因為終有一天，學生吸收得快或慢，必然不再是問題。從學習到享受閱讀，每個孩子必能望見地平線外那片美好的閱讀森林。

當然，總會有芬蘭人說，因為大多數從外國引進的電視節目都無法配上芬蘭語發音，必須打上芬蘭文字幕。因此芬蘭孩子們，自小就必須快速閱讀字幕，才能跟上劇情，所以快速閱讀早已被訓練了。

也有人說，近代網路世界的興起，讓資料的搜尋、訊息的交換等等都對於青少年孩子的閱讀與寫作，有了或多或少的側面協助。不過也有人擔憂，上網、電玩的時間多了，可能會降低閱讀書籍的時間。

芬蘭教育體系把閱讀與寫作，視為極重要的學習與生活技能，但如何培養此項能力，則非常自由與多樣化。不僅教材與輔具的選擇很廣泛，教師更有絕對的自主權去選擇最適合協助孩子的閱讀內容、範圍與進階程度，也會傾聽並支持孩子的想法。同時，採取互動式教學，學生通常會和老師一起選擇有興趣的青少年文學、雜誌媒體等等。學校與老師更不間斷的以閱讀為終身興趣，去導引、鼓勵學生，並和圖書館與各個推廣的協會組織，一起舉辦不同形式的活動，讓學生和親子的閱讀更加生活化。

就長遠的終身閱讀來說，芬蘭的圖書館、出版商、報章雜誌等等都共同扮演著重要角色。畢竟，芬蘭和北歐其他國家一樣，基礎教育普及且水準平均，因為理念上就是「人人生而平等」，所有孩子都應當享受公平的教育資源。

所以在教育上城鄉差距小、各地圖書館林立且書籍收藏豐富、老師與學校對母語和外語課的重視，在各方用心協助輔導之下，閱讀才能做到不分社會階層、不論貧富差距，人人都得以自我打開那一扇閱讀之門，建構對於閱讀的喜愛與自信，享受徜徉字海之中與自己賽跑的樂趣，培養終其一生都受益的獨立思考與探索能力。

也正因為有著踏實的整體做法、穩固的親子與教育培養基礎，同樣是鼓勵閱讀，芬蘭的國際教育評比才會高人一籌，並且是讓學生從小到大，都能樂在其中的高人一等。

圖書館，芬蘭的人文地標

已經不知多少回在不同城市訪談返家後，總會正經八百的跟先生說：「你相信嗎？我在各地訪問之後的夜間活動，通常就是來一趟圖書館之旅！」

這一點都不誇張，我真的在造訪北極圈一連幾座大小城鎮時，把鎮裡的圖書館都進去逛了幾圈。這當然也「適用」在其他城市的訪問期間，以及赫爾辛基的圖書館，都成了我探訪的「景點」。

我開玩笑的和先生說：「如果芬蘭的電影院、出租錄影帶店也都開得像圖書館一樣的完善精彩，那該有多好啊！」

待過商業鼎盛的美國社會，和光彩繽紛的寶島家鄉，一來到芬蘭的電影院，多少會帶點失望；不論是電影院餐飲部的美食區內部的動線規劃、室內裝潢與燈光運用等，總覺得以芬蘭的設計力，必然能再多一點「驚豔」。

不知是對於北國芬蘭的期許過高？還是她當時仍在亦步亦趨的邁向更商業化？還是這正是她們的功能主義發揮到極致，所以電影院不過是讓大家來看電影的嘛，影帶店不過是來租片和買糖果的，如此罷了！但我總想說，若能把灰暗色系和單調功能再多加上招引人氣的亮麗，一定會更好。

然而，對我而言，芬蘭的圖書館，就大不同！

芬蘭全國，不包括大學院校、特殊語言、研究機構、一般學校公司等，光是各市鎮裡的公立市鎮圖書館（Public Municipal Libraries）就有近千座，我雖不能說每一座都明亮新穎，但我看過的幾十個城鎮圖書館，雖然大小不一，但不論建築格局、借還書設備、無障礙空間、民眾閱覽展讀桌椅等等的考量上，都是應有盡有、設計周到，處處展現出芬蘭人實事求事的要一座好圖書館，卻又同時重視設計概念、尊重設計師的性格與精神。

我自己稍稍歸納了幾個喜歡逛芬蘭圖書館的原因：

一來，我總會被用心設計的公共建築所吸引；藉著不同年代的圖書館建物，我看到了每個時代的建築風格。有些建物或許不是最亮麗，但卻都足以述說一個世代的設計理念與規劃，這其中不乏分布在全國各地城鎮知名建築大師的經典作品。

建築比稿首獎的羅亞市立圖書館查閱區一角

每當我坐在經過大師之手設計的圖書館座椅上、望著透析藍天白雲的窗戶角落，總在不經意之間就看到大師為市民大眾設想的公共空間，有著他心靈細微之處。我所望見的，是從發想、構思、繪圖到啟造、完工的創作與人文精神。於是，芬蘭圖書館之於我，除了一窺書香之外，其整體顯出來的力與美更令我流連忘返。

二來，我對於芬蘭圖書館的專業素質與資源共享理念，讚賞不已。一切的書籍、報章雜誌、期刊、CD與DVD、微縮影片等等，都已經全國網路資訊化，個人想借閱的書冊影音資料，可以在任何一家圖書館的電腦網路系統上查詢，並能一覽自己的借書清單。

如果想要進一步預約書籍也行，這家圖書館沒有，不是自己上網登錄預約，就是請圖書館員幫忙到別處預借。

除此之外，在市裡A圖書館借的書，隨你歡喜可以到市裡的Z圖書館去歸還。如此一來，資源不受限的隨處流通，而非各地自成封閉僅此一家。這種既便民又貼心的服務，讓圖書館成為男女老少都樂意前往的場所。

圖書館人員，還會不時的與當地學校一起提倡閱讀，舉辦介紹各類新、舊書籍與作家的活動和展示。不同的構想在遍地自行找到合作夥伴進行，開花結果的佳績，讓大城小鎮都能受惠。

建築比稿首獎的土庫市立圖書館借閱區一角

三來，芬蘭各地圖書館都設有音樂藝術專區，音樂區通常以收藏各式的樂譜、音樂專書、傳記、書冊、CD、DVD、錄影帶等等為主。這類型的專區遍布全國各地圖書館，乍看下是專為音樂愛好人所設，但其實是為公民服務。

如此處處用心的種子，配合著各項長期推廣、灌溉的政策，提供市民音樂藝術的文字與影音資料借閱的環境，讓有或沒有辦法負擔得起藝文欣賞活動的普羅大眾，都能一起愛好音樂與藝術，沉浸在館藏的藝術家精心譜寫和表演的作品中。

音樂性質的收藏與借閱，不只有歌劇、戲劇、古典作品，更有著流行、重金屬、搖滾與爵士樂等。或許芬蘭各地蓬勃興盛的音樂苗種，近幾十年來不斷開花結果，培養出全球人口密度最高的世界級古典音樂家，以及在歐美各地嶄露頭角的重金屬和搖滾樂團，

羅亞市郊一所三十人迷你學校的小男生

羅亞市人口三萬六千，市內圖書館裡的流行與搖滾樂DVD區

在芬蘭各地圖書館的音樂部門，實是功不可沒。

四來，芬蘭眾多的公立圖書館除了都有現代化的設備、豐實的藏書、營造出適合大眾前往的環境如報紙、網路等等，其中兒童區，更比芬蘭各書店中的兒童書區寬廣、豐富、完善，而且童趣十足！

有時，我逛進新建設不久或經過改良設計過的兒童區時，不禁大為讚歎，這不正是我們誠品的兒童書區嗎？怎會是圖書館呢？書區裡不僅有各類兒童書籍期刊、可供上網的電腦、各種語言的童書、音樂、CD、DVD、舒適的沙發、隨處可見的可愛玩偶、娃娃及裝飾，以及採購自名家阿爾圖（Alvar Aalto）等等設計的座椅或板凳。兒童書區的壁間旁側，時常可以看到兒童畫作，還有小朋友專屬的流行音樂區，詢問處則以兒童高度來設計。那種自由展讀的氛圍，和親子一家共讀的樂趣，可說是理想或夢想的實現。

深入各地的流動圖書館

芬蘭的圖書館與其資訊服務，就整體國家的民主發展，和國力建構的歷程來說，扮演著舉足輕重的角色。她在一九二八年就制定了圖書館法，是北歐國家中最早的一個，在圖書館領域中的先進專業，也頗受矚目。

在芬蘭，百分之八十的人民使用圖書館，平均每人每年造訪圖書館的次數近十次；每人每年平均借出的書籍、雜誌等多達十六本之上；每年造訪圖書館網站的人次約四千萬人。圖書館，儼然成為芬蘭人精神生活裡最奢華的享受。

除了各地豐富的市立或公立圖書館硬、軟體建設之外，芬蘭全國各區域還配有一百三十五座的流動圖書館（Mobile Library），這些以大型巴士為主的流動圖書館，行經路線是較偏遠的社區與學校，主要服務對象為學生和一般民眾，與年長的銀髮族。到訪的頻率為，有的學校和社區一週去兩回，有的則一回，完全依學校與社區人口數，以及各地市圖書館的規劃而定。

流動圖書館的成立與運作歷史，行之數十年。我在土庫市訪問期間，有機會前往市府流動圖書館的大本營一探。偌大一處像工廠的建物內，擺設一台芬蘭最早期的流動圖書館，而隔壁間，就是正在使用的車。我和負責人員聊起，他說，這是他已經從事多年的工作，薪水或許不是最好的，但因為本身就喜歡書籍，更歡喜看到所有來車上借閱書籍民眾與孩子們的喜悅，所以一定會做到退休。他篤實的臉龐上漾出一份真誠喜悅的微笑。

他繼續說著：「這些圖書館巴士，每一週都會繞行整個土庫市都會的周邊區域，那一份把書送到的成就感，讓我們這兒的人員，都不想離開。」接著還興致勃勃的談起，他曾經配合著流動圖書館的行程規劃，並協助芬蘭兒童與青少年作家協會的巡迴分享活動。

我邊聽邊想，看來這份工作，除了要會開大車、要懂書，還得一起策劃和舉辦活動。那這些人員，就不是「普通」的運將大哥了，他們成了巡迴各地的教育播種人！

我繼續到大「倉庫」裡好幾個讓我覺得柳暗花明又一春的角落，去尋尋覓覓；不僅看到一處又一處整齊擺放著眾多書籍的櫥櫃，還來到一面標示著整個土庫市周遭地區的大地圖，上面釘滿各種彩色的圖釘，標示好幾條流動圖書館行經的路線與地點。

帶點羞澀卻又很客氣的流動圖書館員，誠懇專業的向我解說他們的運作情況，聽著聽著，心裡不自覺的感到既溫暖又感動。深深覺得在社會上每一個螺絲釘，每一顆種子，只要旋鈕和播種的人，都能盡心盡力，那眾多的螺絲釘和種子，無形之中，就成了社會的整體資源與扎實的能力。

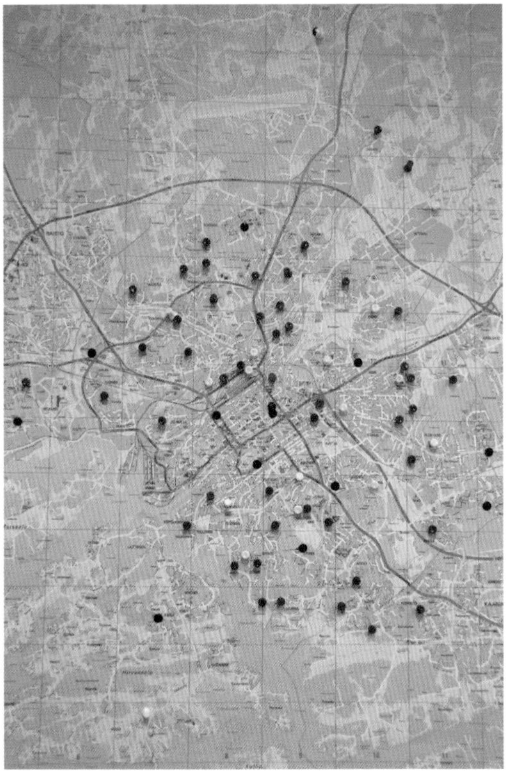

土庫市流動圖書館的路線分布圖

我後來又在不同城鎮，遇見更多次的流動圖

書館，尤其是在北極圈深處。在嚴酷寒冬與永夜黑暗天候裡，奔行於瑞典、芬蘭與挪威三國邊界上的北歐聯合流動圖書巴士（Co-Nordic Mobile Service），在極地深處，跋涉於這三國的最北偏遠地區。不管天候是不是處於零下幾十度的漫漫永夜冬日，它依舊載滿著溫暖人心的書冊、影帶、雜誌、CD、DVD等，定時定點的來到各個社區，為扶老偕幼的一般民眾，帶來寒冬中的精神糧食。

北歐芬蘭的圖書館設施，所以會如此完善、平民化、實用、舒適，最根本的理念，只不過是要落實一個「平等」的精神。因為北歐人與芬蘭人都相信，平等是一切社會發展的基礎！然而真正要能落實根本上的平等，就必須要讓人民真正擁有「知的權利」。

既然是種權利，政府就有責任提供一切，或許某些娛樂享受型的設備可以缺一點或少做一些，但圖書館資源、資訊、教育，一樣都不能少，大家才能有「公平」的起點。這象徵了一個國家與政府，對人民與社會的公平正義有義務與責任，願意提供不分貧富貴賤的基本條件與權益。

再一次，我深刻的體認到，原來事物的根本，仍在「以人為本」的原點，以及瞭解人本思維之後，願意去付諸實現的誠心。如此罷了。

艾斯博市正在流動圖書館裡借書的女孩

拉彭蘭塔市深冬大雪之夜正要出發的流動圖書館

與芬蘭教科書的淵源

芬蘭教育，採一綱多本。

芬蘭的「一綱」，來自於全國教育委員會（National Board of Education）編寫制訂的全國核心課程綱領（National Core Curriculum），各家出版商再依據綱要裡所規範的各科目內容，委由各領域的教師、專家、作者與特殊教育人才，共同編著完成教科書。

自一九九〇年初，中央教育單位不再監督教科書的出版。中央部會以信任教育機構與老師們為由，認定他們有足夠的能力為學生選出教科書市場上最好的教材。這個決策使得教材的市場走向更自由競爭，並發展出對於課程內容配合得更成熟的教科書編寫概念。

與芬蘭教科書的相遇，始於大女兒要從國際學校轉入英文學校的入學測試。當時在國際學校讀了兩年的女兒，並沒有任何數學課本，而我們對於芬蘭學制的數學進度並不瞭解。幾經詢問後，才知道芬蘭制訂有全國適用的課程大綱，所以趕往芬蘭最大出版商買了數學課本。短短幾天，我和女兒一起對芬蘭小三的數學下了不少功夫研究，發現內容難度比起國際學校深得多，也頗具靈活挑戰性。

二〇〇五年暑假，《芬蘭驚豔》作者吳祥輝和Catherine相偕來到芬蘭，我和女兒們剛從夏季音樂營回來，我們相約在赫爾辛基市最古老街道旁的百年咖啡店裡聊天。

在談過一陣子芬蘭生活與民族性格之後，吳祥輝有備而來的問道：「芬蘭教科書中，有哪些國際化的元素？」我當時一愣，心想，這位老牌作家果真做了功課，有意思極了！於是，我開始和女兒一起向看來總是嚴肅又不苟言笑的吳祥輝，聊起數學課本裡的精彩內容，隨後就帶著他們前往出版社一探。

我還蠻喜歡研究孩子們的學習教材，從她們一開始在赫爾辛基國際學校，我就跟著她們一起唸學校拿回來的各種書冊。所以與其說我關心孩子們的學習，倒不如說是我對東西方文化、基本哲思與教育概念之間的差異，興趣濃厚，更對於不同的教學方法與思考模式總是好奇滿滿。

初來芬蘭的前三年，我總會把孩子們學校帶回來的講義、筆記、課外讀物等大致瀏覽一遍，也幾乎每天都和孩子們談談學校生活的點點滴滴，把這些透過孩子們去實際接觸西方學習內容與教學思考，逐步的吸收、理解到腦海深處。

我和孩子們一起看英文讀本，從簡單的一個個大字、一頁只有幾行句子，到全篇文字書、長篇小說等等，無形中我好像也一點一滴的與孩子們共同學習、成長，更藉此瞭解到東、西方不同的文化與思維，以及對教育所著重的差異所在。

芬蘭的教科書裡，我接觸最早的是小三數學課本，從剛開始拿到芬蘭文版，必須每日辛苦查字典到快要抓狂，到了八個月後，因一項試題百讀不懂，而急匆匆的跑去書局詢問，並購買答案本。從此，孩子們做作業時，我多了支生力軍。而這一年來，總算能讓孩子們都可以自立自強的英文版數學課本，終於應運而生。

好作品，才有出頭天

從女兒每天上下學的生活中，我逐漸領悟到，芬蘭出版商與編著者的用心良苦；書中內容不僅連貫交織，以不同知識區塊和國際、本土素材交互運用，更貼心的分類成難易不等的級數，適合各程度的學子。

在芬蘭各地的幾十所學校裡，看著孩子們使用不同版本的科目教學與輔教書籍，不論是歷史、地理、自然科學、音樂、宗教、生物、理化等等，編寫的內容不僅扎實豐富，書籍的紙張也很講究，印刷更是精美。每隔一陣子，我總會喜孜孜的到書局，東翻翻、西看看各科的書籍教材，藉此也多瞭解芬蘭書市的趨勢。

我心想，為什麼他們能將這麼有限的市場，做得如此盡善盡美？芬蘭這樣小的人口與學生數目，如何支撐整個教育書市與出版業？芬蘭各個學校大多採取課本回收制，一套教本讓學生循環使用，算起來這些教科書的印量，絕對遠低於我們的教科書市場印量。如此一來，出版商的教科書利基何在？出版書籍前必經的長久研發與思維，考量重點又在哪裡？

基於好奇，我數度造訪芬蘭兩大出版社的教科書編輯群；其中一家 OTAVA 出版社的教育部門主管，很不芬蘭的向我說：「芬蘭教科書是全世界最好、水準最高的。」

看著他自信滿滿的脫口說出這個「最好」二字，瞬間，我實在很難不被震撼住。不是我認為芬蘭的教科書稱不上最好，但能如此充滿自信並坦率誇耀自己的芬蘭人，實在非常非常少見。

當然，國際評比與研究的結果，顯示出一個國家的教育要能成功，整體社會是環環相扣的，唯有教師、學制、設施、教科書內容等等各司其職、各盡其責，就像每個社會中的每個環節一般，大家各盡其力，如此才能良性循環的好好推動教育。但是，很現實的來看教科書市場，一套全新的教科書系，在自由選擇書本的芬蘭各級學校，通常最好的銷售成績不過是幾萬本的印量，而有些特殊教育的書籍，印製量更只不過是一、兩千本。基礎教育學生人數，和每年新生數大約多少，是可以精算出來的；每年各類不同書種的印製量，真的不算大。

這樣的小額教科書市場，出版商又要以什麼樣的態勢和條件，來長期保有高品質的作品呢？想不到，我從兩大出版商裡的多位編著者、經理人們的訪談中，竟然都不約而同的聽到他們說：

「就是因為我們的市場太小、競爭激烈大，所以才必須做得更好！」

「唯有最優質的出版作品，才足以在芬蘭生存，並且被市場和使用者衷心接受。」

心裡對這種看法，不由自主的發出讚歎與佩服，只是好奇心讓我追問：

「為什麼你們不會以削價方式來競爭？或是草草編一編就出版呢？或以眼花撩亂的多樣、經常出新品的方式，來應戰和搶奪市場呢？」

一問完後，好像我是白問了，因為這些典型踏實性格的芬蘭人，只會一再的述說著：

「好作品，才有出頭天！」

教科書出版商，除了這兩家老牌書商之外，還有幾家中型和不少小規模的編輯廠商，一齊搶攻這個成熟又少量的市場。一套新系列的書冊，起碼得花上兩年的籌備時間，從發想到編寫、印製出來。編寫者拿的是出版商的版稅，就像一位作家一樣，而出版商與作者各自分擔出版好壞與銷售風險。大多數被選用的課本，起碼用上三年五載，才會進行改版。

我問著，這樣的市場時間機制，具有哪些特別意義呢？

他們答覆：「一套教科書在市場的時間夠長，才能累積師生之間充足的互動經驗，而

芬蘭教育展的 OTAVA 出版社國中教科書區一景

巧遇正在拉彭蘭塔中學展示的新版教科書

後才能產生對書系編寫人的迴響、建議，然後也才會有長期改善內容的因應方案。」

也就是說，芬蘭一本獲得好評的教科書，它的設計著眼點是很長遠的規劃，在市場上最起碼要有五年的考驗；但所有投資下的成本，能不能在往後陸續回收，恐怕不是完全以市場價值來衡量了。設計一套書，有三、五年，或五年、十年的宏觀視野、投入成本與編寫的功夫，才會認真踏實，而不以短暫的市場利潤，作為唯一考量。

但，出版商又要如何面對日後的改版呢？OTAVA負責教育書系的主管告訴我，改版與重新印製，起碼會召開十次以上的討論會議，十分慎重的和編寫作家、老師、教育人士，一起研訂編修方向和內容大要。

所以一本教科書的研發、編製，到印刷出爐，都會依據整體的各種研究結果，還會有教師與使用者的問卷調查，和一次又一次會議的悉心討論。

這過程，需要的是耐心與誠心！

用心的出版商與編著者

芬蘭著名出版集團WSOY的基礎教育部研發經理，向我仔細介紹了全新製作的一年級芬蘭語的讀本，她面帶喜悅，宛若將這本書視為自己的寶貝孩子般。她說這本書，起碼花了她和WSOY五年的時間才推出。我摸著翠綠色精裝亮麗的封面封底設計，心底偷偷的盤算，這本「教科書」的印製成本到底多少啊？

我欣賞著專業、高水準的插畫作品，想起在北極圈拉普蘭羅瓦涅米一所學校參訪時，就已經見到孩子們在讀這本書，所以當下就讚許這位編寫者說，好精緻、好吸引人。看著她臉龐上那種不是金錢所能散發出的滿足和開心，我心中也充盈著說不出的溫暖。

她說，這是每個孩子的第一本讀本，其中分為三個學習階段，讓不同程度的孩子都能按照自己的情況，逐漸上手；已經能讀文字的孩子們，可以去欣賞短文，還在學習拼音與發音的孩子，就可以從基本字體與音節分法，不帶負擔的自然進入文字的學習。

這真是很典型的，與自我賽跑的芬蘭式教育理念。

沒錯，當時北極圈一所學校的低年級導師，也是這樣跟我講述的。

WSOY的編輯們說，我們花下許多時間與資本，除了想要製作出好作品外，更希望各書系能有五成的市場占有率。我問，那如果某一書系只占了三成的的話，該怎麼辦？

他們回覆，那就必須實地全面瞭解、檢討與改進。當然，這是大型書商的市場估算方式，許多中小書商的書系只能占整體教科書市場百分之五到百分之十的占有率。

我又問了，那小出版商與你們的人力與投資皆不成比例，如何應戰？編輯群與經理們說，其實有時中小型出版商，反而能創造出更具靈活的編著和構想；他們強調，好的點子，就是需要人們用心去研發、創造和付諸實現，不論書商的規模大小都一樣。

在每年的赫爾辛基全國教育展中，我看到了WSOY的最新系列數學課本。這讓我十分好奇，心想，原先的那套Laskutaiko已經夠讚了，「市占率」也很高，怎麼又有一套新版的書呢？

我和編寫數學書系的杜菈（Tuula）見面，她就是那位將生活

WSOY出版社精美的高中歷史、地理教科書系

WSOY出版社的各類高中物理、數學教科書系

行旅、國內外地理元素等，巧妙的納入數學題型中，博學多聞、熱愛旅遊的編著者。她很開心的告訴我，自己正在開發這一套書系！

我好奇的問兩者之間的差異？雖然，我從封面設計，即刻看出對比與差異，但還真想聽聽編寫者的心裡話。

她說，Laskutaiko書系固然獲得很大的迴響，市場銷售反應也很好，但她們希望再設計一套以故事性和幻想世界為貫穿的數學本，多放一些以孩子為主體的想像空間與題型演變；不過，目前這套書只開發到低年級而已。

我瞭解，要編成這套書，一定得花不少時間和成本，再多大規模的出版商，也只能一步一步的來達成編寫者的夢想吧。但有了起步，總是讓人開心！

她繼續說道，往後還會逐年再開發，好提供已經使用原書系的學校和老師們，另外一種多元的教材選擇。我不禁想起，第一回到WSOY訪談時，她和先生提到，在馬來西亞旅行時，因為望見雙子星大樓，而想到將世界各高塔納入數學習題中，其中包括了台北一〇一。

我聽得驚喜，並真心誠意的說，你們編寫的課本，實在用了好多心思與創意……

聽到我一再的讚許，她很開心，謙虛的說謝謝，希望女兒們都喜愛。

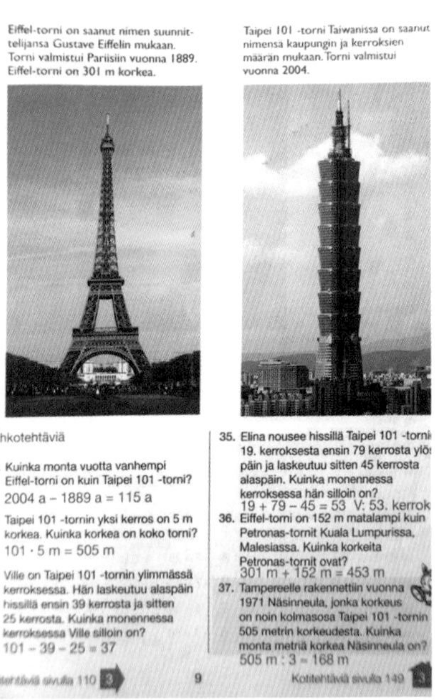
Eiffel-torni on saanut nimen suunnittelijansa Gustave Eiffelin mukaan. Torni valmistui Pariisiin vuonna 1889. Eiffel-torni on 301 m korkea.

Taipei 101 -torni Taiwanissa on saanut nimensä kaupungin ja kerroksien määrän mukaan. Torni valmistui vuonna 2004.

Vihkotehtäviä

2. Kuinka monta vuotta vanhempi Eiffel-torni on kuin Taipei 101 -torni?
2004 a – 1889 a = 115 a

3. Taipei 101 -tornin yksi kerros on 5 m korkea. Kuinka korkea on koko torni?
101 · 5 m = 505 m

4. Ville on Taipei 101 -tornin ylimmässä kerroksessa. Hän laskeutuu alaspäin hissillä ensin 39 kerrosta ja sitten 25 kerrosta. Kuinka monennessa kerroksessa Ville silloin on?
101 – 39 – 25 = 37

35. Elina nousee hissillä Taipei 101 -torni 19. kerroksesta ensin 79 kerrosta ylö päin ja laskeutuu sitten 45 kerrosta alaspäin. Kuinka monennessa kerroksessa hän silloin on?
19 + 79 – 45 = 53 V: 53. kerrok

36. Eiffel-torni on 152 m matalampi kuin Petronas-tornit Kuala Lumpurissa, Malesiassa. Kuinka korkeita Petronas-tornit ovat?
301 m + 152 m = 453 m

37. Tampereelle rakennettiin vuonna 1971 Näsinneula, jonka korkeus on noin kolmasosa Taipei 101 -tornin 505 metrin korkeudesta. Kuinka monta metriä korkea Näsinneula on?
505 m : 3 = 168 m

sivulla 110 3 9 Kotitehtävä sivulla 149 3

芬蘭小學五年級《數學》課本中的台北一〇一大樓

芬蘭眞像是面鏡子

一套教科書的出版，周邊同時還有十多樣附屬的教材輔助品，其中有我們熟悉的教師手冊、輔助教案與教具等。在芬蘭，比較特殊的是，出版書商還會同時開發特殊教育與學習緩慢孩子們的另一套書。

這麼少量的學生數，出版書商實在無法進行年年更新的情況下，要做就做出最好的。所以用更長遠規劃，編印出讓學校老師放心、喜歡使用的教材，就成為唯一考量。

我漫步來到OTAVA出版商位於赫爾辛基市街上的展示區，一位年輕的客服小姐一大早就開始接電話接到手軟，沒聽電話時，還得趕忙回覆大量的電子郵件。她幾乎沒空招呼我，但還是抓了空檔向我說，她每天就忙於回覆這些教科書使用者的客服與問題。

這些出版商還真有心，老師們其實也很用心，雙方就藉著教科書的使用與回應交流，打下日後編寫方向的務實基礎。

WSOY的編輯們說，編寫課本必須要構想得很完善，譬如說，老師可能的教學步驟，自然學科要做實驗時的各程序，和學生實做的方法等等。因此，一本新書要推出之前，大型出版商都會在芬蘭各地十幾個城市，舉行多場座談、研討會，讓老師和學校一起有機會瞭解書的內容，以第一線的聽取、蒐集他們的初步反應，以及瞭解新教材是否有實際使用的困難等。

芬蘭全國教委會的專家說，研修制訂核心教育綱領內容時，會有出版商公會的代表出席研討會議；而從邀請出版商代表一起來瞭解教育課程綱領來說，在歐洲其實並不多見。

也的確必須如此，要不然，教育政策與實際課程大綱的策劃與構思，如果像多頭馬車，各走各的道，那一份主導全國基礎教育的核心課程大綱，不論研制的再多麼嚴謹用心，耗費了多少專家的心血和時間，就會像是空中樓閣了。

如果出版教科書的編印者思維無法搭配，反成為兩條沒有交集的平行線，那不僅無法相互相輔相成，對學生和老師成為有助益的資產，反而會浪費生命的原地踏步。而且批判、不滿的時間成本就會增加，大家一起推動教育往前邁進的精神，就白白的耗費掉了。

從一而再、再而三的和不同芬蘭人相處、談話的歷程中，我愈來愈看到他們在事務品質上的高度要求，更會在質與量之間找到平衡點。本來以為我們的書籍市場不夠大，但是看著北國芬蘭的例證，我們真該充滿著信心與希望。

我總覺得，芬蘭真像是面鏡子。

她總能映照出求快、求量　、求先、求贏的另一種反向思維，而且還活得那麼腳踏實地，並長期的把這種哲學注入其中。

或許，對於芬蘭書商與編著者的想法，乍聽之下總是驚歎不已，但心中卻浮現出不少足以印證的典型芬蘭式思維理念，不論是設計、教育、產業與科技研發、音樂、運動、藝術等等，芬蘭人相較下是一種不疾不徐、不爭不搶，不以「贏」為目標，反倒去追求事物的良性本質。

有時看著他們或許好像慢上大半拍，又帶點鈍拙，明明可以再多做一些，或者反應再快、再多樣化一點。但他們總是「保守」的只先去做七分，直到累積足夠的自信心之後，才又一點一滴架起剩下的兩、三分。但這最後階段，反而是他們能在厚實的基礎上奮力勇往。

基礎教育之後：高中與職校

芬蘭學生在九年的基礎教育之後，到了國三，是否要面對和我們所熟知的高中會考？還是要選擇職校就讀？此外，還有什麼形式的學歷認定呢？

如果選擇繼續就讀高中，那高中畢業之後，是否有大專院校的入學聯考呢？還是只依據其他的測驗機制，例如會考的成績？芬蘭中學生的人生規劃與選擇，到底有哪些選項？

芬蘭並沒有高中或職業學校的入學會考，國中畢業學生可依照自己的興趣與志向，以在校成績表和學習報告，去選擇申請進入高中或是職業學校就讀。

依據芬蘭統計局的官方統計，完成九年基礎教育學業的學生，平均有百分之五十四選擇普通高中就讀，百分之三十九選擇職業教育和訓練；兩者間差距不大，顯示了升學或是職校，在芬蘭中學生的選擇考量上，其實是蠻務實的。此外，國中畢業生中，有百分之七的學生畢業後未選擇直接進入高中或職校，其中的百分之一學生會繼續基礎教育十年級，給自己多一年的準備時間，另外的百分之四學生選擇輔導或預備教育。

芬蘭教育部發現，近年來中學生選擇進入職業教育訓練的比例，有逐年增加的趨勢。一方面是政府鼓勵學生擁有更寬廣的人生規劃彈性，另一方面則是希望更多青少年能具備一技之長，這樣的社會與產業發展才會日趨多元、專業，產業界招收到的新生代職工也才會具備更實際、更符合潮流趨勢的工作能力。

「職業學校」基提萊鎮上的萊維職校

而十五歲中學畢業生，在面對高中或職校的抉擇之際，已經擁有可以運用四年時間同時修得高中與職訓文憑的彈性；而且不論職訓學校或一般高中畢業，都可以選擇持續進入高等教育深造。

普通高中 General Upper Secondary Education

芬蘭高中入學，是以國中生在校成績為主，有些特色高中入學時會增加面試。除了一般高中，芬蘭也有部分高中，是以體育、音樂、藝術、語言等特色為主，因此入學招生時會對學生在國中的畢業成績以及專長等等，有一定程度的要求。

多數高中採聯合申請，但有些高中則希望申請入學的畢業生必須選好目標學校，也就是將這一所學校放在個人的前三志願，學校才會給申請人面試的機會。

另外，有一些高中本身就提供數理組、藝術組、音樂組和體育組等特殊才能班，也有些高中專門為學生日後入學國外高等教育的接軌，而為學生做大部分科目的外語教學。這些所謂的國際IB課程，目前全芬蘭已經有十九所高中開設。

一般中學畢業生成績達到一定的標準，如總平均在七分以上，經聯合申請程序，就能有機會進入自己學區或附近的高中就讀；並不是所有的學生都會選擇越區或特別挑選高中去就讀，而主要是依據他們最後想偏重的學習方向，來考慮自己的學校。

少部份的高中會要求申請人的成績總平均達到九分，其中之一就是赫爾辛基市立的體育高中，這是體育與智育並重的典型設計。但也有許多成績超過九分的孩子，會選擇自家附近的、自己喜歡的，或甚至能和好朋友一起就讀的中學；芬蘭孩子們的自主規劃和個人選擇權，在平衡、均等的就學環境中，獲得最有利的發揮。

芬蘭多數的高中，都有相對整齊的素質，學區與學區之間、各校教學成果之間的落差不會有天地之差，因此國中學生並不太需要為了擠進所謂「好」高中，而焚膏繼晷的犧牲睡眠、運動、興趣嗜好、寒暑假，去拼搏各科目的成績。

芬蘭的高中學生，年齡在十六到十九歲間，高中課程採取學分制，而不是年級制；一般高中生在二至四年間，必須修完七十五個學分課程，其中必修課為四十七至五十一個學分，學生設定日後要專修的科目學分有十個，其他剩下的可由學生自行視興趣和時間彈性選修。

高中平均每週上課時數三十八小時，大多數學生以三年完成修業。

高中的必修科目，到底有哪些呢？

除了一些基本通識課程如母語文、第一外國語、一般數學或高階數學、生物、地理、物理、化學、歷史、社會、體育、音樂、藝術、健康教育等為我們所熟知外。

其他例如，第二官方語言、第二或第三外國語（可依能力自選一個語言以上）、宗教或道德課、哲學、心理學、職業輔導等，則是芬蘭高中比較獨特的必修科目。

這些課程，有相當高的比例是延續了九年義務教育的基礎課程，而在高中階段協助學生進行更深入的探索。

高中生除了要負擔部分選修課本的費用，和高中畢業前所舉行全國會考的報名費用之外，其餘的如各學期學費和營養午餐費等都免繳交。

高中會考 Matriculation Examination

高中修業完成後，學生會參加高中畢業會考。

這與我們的大學入學聯考並不相同，因為，它本來就不是設定用於測試能否通過大學的招生，也不會直接分發畢業生到任何的高等學府就讀。

所以這一項高中畢業會考，比較像是高中畢業生學習能力的檢定，是用來測驗高中學生對在校所學知識，與對於不同學科的瞭解程度，以及申請大學時的學歷證明之一。

畢業會考每年舉行兩回，分別在春季與夏季。參與會考的學生，至少必須考四個科目；而其中唯一的必考科目是母語（也就是芬蘭文、瑞典文或薩米文之中任擇其一）。

另外三個科目是自選，參加考試的學生可以從第二官方語言（芬蘭語或瑞典語）、外國語言（英文、法文、德文、俄文、西班牙文、義大利文等）、數學、社會學與自然學科（跨學科考試）等各科目之中，選擇三項科目。

每次會考，學生也可以只選擇考一至兩項科目。因此，在準備的時間上較有彈性。芬蘭語或瑞典語的語文會考方式，分為文字技巧測驗與論文寫作，而外國語文與第二官方語言的會考內容，則包含了聽、讀、寫的測驗。當然，學生也可以選擇參加超過四個科目以上的畢業會考；這就由學生依自己的能力與興趣來決定了。

畢業會考時，學生依照日後想申請進入大學就讀的學系，來決定考試的科目。要讀醫科、理工等等，那數學是必考的選項，也必須選擇更專業的組別應考。如果是想要唸文科方面的科系，數學就不是必要的考試科目，但如果學生仍想參與數學考試，也可以選擇一般數學考試類組應試就好。相當有彈性，學生可依自己的需求來決定。

通過會考之後，再依成績結果和高中的在校成績，去申請不同的高等教育學府。然而，每個大學院校的入學條件不同，最後還是得由學生依自己真正想讀的科系，去進行各種申請與面試。

不過，高中畢業會考成績，通常只是申請大學的參考依據之一，並不是絕對的必要條件；例如芬蘭最新設定的大學教育學系招生模式，就已經不再看高中畢業會考成績與高中成績了，而是根據學生的人格特質，是否能夠在日後成為適任的老師而定；之後在第五章會詳述。

職業教育與訓練 Upper Secondary Vocational School & Training

記得有一次台灣媒體來訪，晚餐會上問了我：「為什麼那些芬蘭家庭會說要去唸職業學校呢？如果是妳，會讓孩子唸職業學校嗎？」

我當場並未特別答覆這個問題，因為當時的我，還未就此多方詢問與深入瞭解。但心底想著，如果是以亞洲的標準與觀點來衡量，那大家心裡，必然或多或少已有了先入為主的答案。

每當我問起芬蘭老師、學生、家長們，選擇唸職校的原因？他們幾乎都回答，這是孩子們自己做的選擇，當然最後選擇結果總是因各個孩子而異。他們認為並不是每個人都適合往學術研究來發展，有人就是適合從實做中學習（Learning by Doing）。

芬蘭教育體系很明顯的愈來愈趨向開放、彈性，期許職訓教育辦得有聲有色，兼具實用，讓國中畢業的學生們，有平衡、多樣的學習選擇機會。

而一旦完成職訓教育進入社會就業之後，都還有繼續進修更高等教育的機會，甚至大學畢業生在進入社會工作前後，也可以進入職訓學校修習專業技能。她所依持的教育理念，就是希望讓學生知道，只要想持續學習，不論高等教育或職訓體系，都會敞開大門的樂於協助、培養。因此，國中畢業學生可以依照個人興趣，從非常多樣化的職教領域中去選擇。而申請進入職校是以中學成績、面談或其他基本測試為主。

職校除了提供年輕學子就讀之外，同時還提供在職的成年人入學的機會，讓他們可以持續研習職場上所需的技能，以取得合格職訓執照和更專精的技藝。此外，職校課程之中，也有一些並非為了取得執照，而只是為了持續進修者所設的課程。

根據最新的芬蘭高中職業學校法，芬蘭高中職業學校（Vocational Education and Training,VET）的修業年限為三年，學生可從八大不同領域中的五十二項職業證照及超過一百種職業課程中選擇，學生必須修滿一百八十個學分（一百三十五個職訓課程學分、三十五個核心科目學分、十個選修學分）；其中包括了基礎科目、專門科目、在職訓練等，基礎必修課程中的部分學習，和一般高中的教學內容相似，以確保職校畢業生，具備一般高中的基本知識水準。

造訪約瓦斯曲萊市政府時，市府連絡官望著窗外興建中的建築物對著我說：「我

每年芬蘭高中畢業生歡喜慶祝的五月一日Vappu節

朋友的先生，就是那棟建築的施工人員之一；他的薪資比我這個坐在市府辦公室的，高得多。」

現今芬蘭的一般水電工薪資，超越了擁有碩士學位的基礎教育教師，還因為專業技能與職訓水準受到肯定，而成了奇貨可居。建築工人也因為營造工程技術的不斷翻新，以及各種住宅、社區、產業廠區、公共建設不斷推出，使得受過職訓的技術人工異常搶手，薪資與福利都不輸給大學畢業生進入職場的發展。

芬蘭當今還有一項的熱門職場領域，就是廚師。看來美食不僅是人類的普遍喜好，連帶的讓愈來愈多的新生代，以擁有專業技能的廚藝為人生志業，所以各地職訓學校的廚藝、餐飲管理及旅館等服務業技能科系，都愈來愈熱門。

所以到底該如何選擇，要不要唸職校呢？嗯，在芬蘭，孩子們面對這項選擇的時候，似乎比我們想像的容易。

畢竟，他們眼前的道路既是無限寬廣，又能殊途同歸。

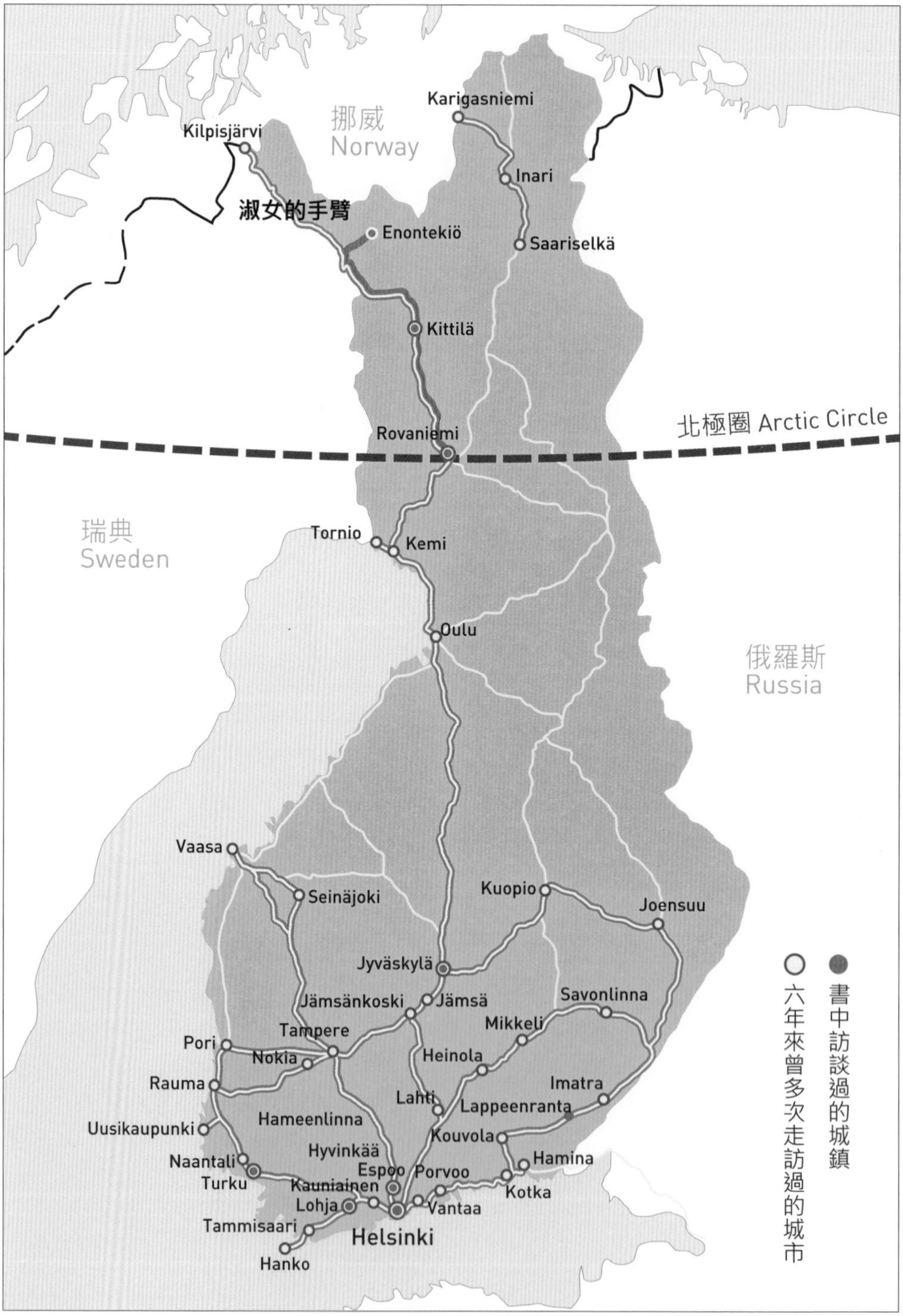
挪威
Norway
瑞典
Sweden
俄羅斯
Russia
北極圈 Arctic Circle
淑女的手臂
Karigasniemi
Kilpisjärvi
Inari
Enontekiö
Saariselkä
Kittilä
Rovaniemi
Tornio
Kemi
Oulu
Vaasa
Seinäjoki
Kuopio
Joensuu
Jyväskylä
Jämsänkoski
Jämsä
Savonlinna
Tampere
Mikkeli
Pori
Nokia
Heinola
Rauma
Imatra
Lahti
Lappeenranta
Hameenlinna
Uusikaupunki
Kouvola
Hyvinkää
Hamina
Naantali
Espoo
Porvoo
Turku
Kauniainen
Kotka
Lohja
Vantaa
Tammisaari
Helsinki
Hanko
書中訪談過的城鎮
六年來曾多次走訪過的城市

芬蘭教育制度 The Finnish Education System

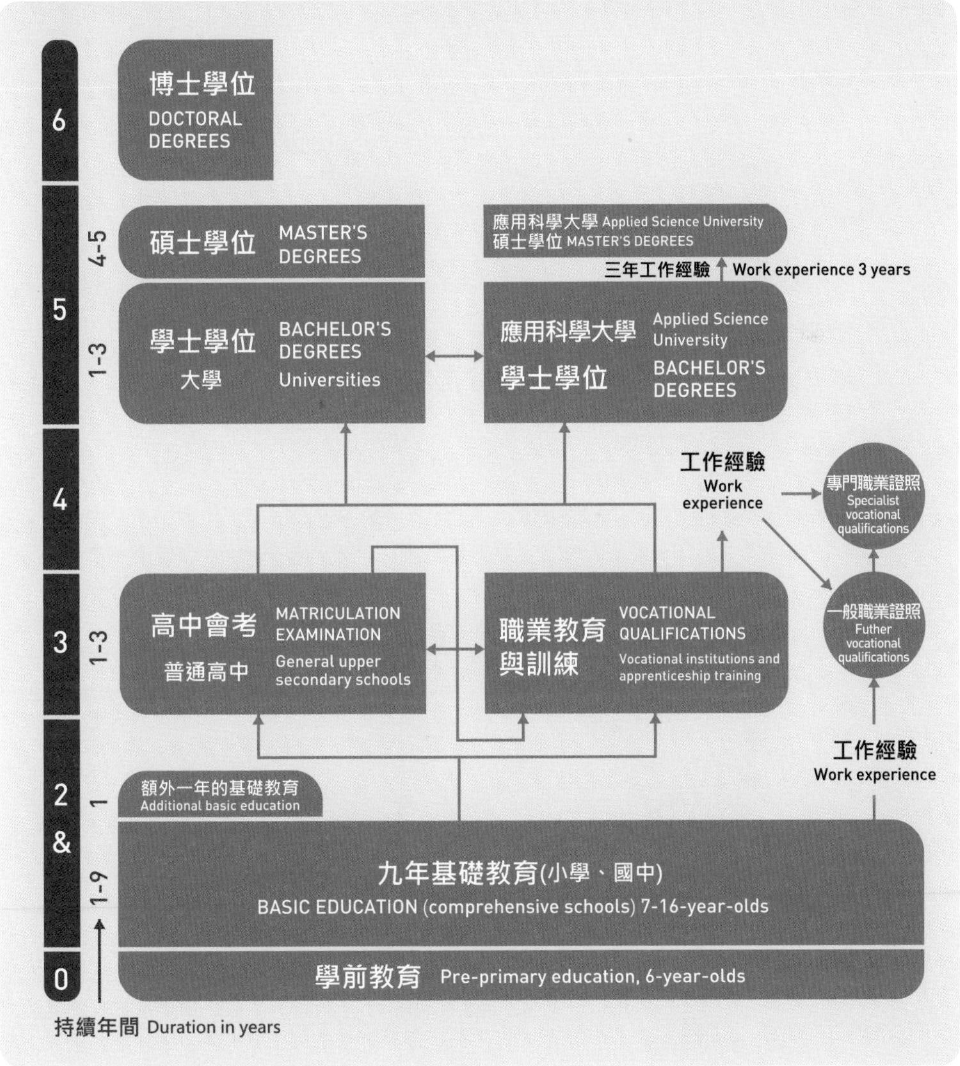

6
博士學位
DOCTORAL DEGREES
5
4-5
碩士學位
MASTER'S DEGREES
應用科學大學 Applied Science University
碩士學位 MASTER'S DEGREES
三年工作經驗 Work experience 3 years
1-3
學士學位
大學
BACHELOR'S DEGREES
Universities
應用科學大學
學士學位
Applied Science University
BACHELOR'S DEGREES
4
工作經驗
Work experience
專門職業證照
Specialist vocational qualifications
3
1-3
高中會考
普通高中
MATRICULATION EXAMINATION
General upper secondary schools
職業教育與訓練
VOCATIONAL QUALIFICATIONS
Vocational institutions and apprenticeship training
一般職業證照
Futher vocational qualifications
工作經驗
Work experience
2
&
1
額外一年的基礎教育
Additional basic education
1-9
九年基礎教育(小學、國中)
BASIC EDUCATION (comprehensive schools) 7-16-year-olds
0
學前教育 Pre-primary education, 6-year-olds
持續年間 Duration in years

Chapter 4

走訪各地的感動

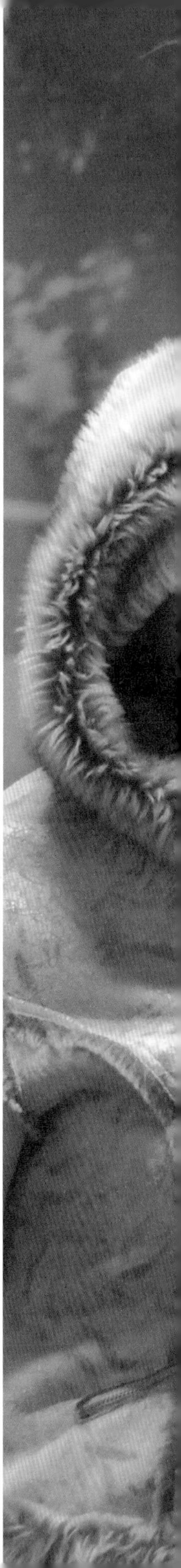

#「計程車」接送上下學

一個陰雨不斷、天色灰濛濛的十一月清晨六點多，我開車前往三所位於羅亞鎮（Lohja）郊區的迷你學校。車子經過羅亞市中心，往薩瑪提（Sammatti）方向繼續開。其中兩所間隔八公里路程的小學，正好在同一條鄉間道路上。

往薩瑪提的連外道路雖然只有單線道，但建設相當完善，路兩旁在暗沉天色下依舊看得出緩坦起伏的森林和農地，在車窗兩旁滑溜而過。開了近十二公里，突然間，我瞥見右手邊一個絲毫不起眼的標準芬蘭小招牌，寫著學校名稱。老天，這要是下大雪，標誌一定會被皚皚霜雪給覆蓋！而且在油門猛踩下，呼一聲的錯過好幾里路也還不自覺。

把已經稍微開過頭的車子倒回來，彎進學校的停車場，一棟古味盎然的木造建築已映入眼簾，溫馨的氛圍、偌大的廣場與後院，與其說這是所僅僅三十位學生的公立小學，倒不如說它更像是一戶人家，來得更為貼切。

才剛停車，就看到先前聯繫，深怕我迷路而 email 一份網路地圖給我的尤西（Jussi）老師。他停好車走了過來，這位高壯帥哥流露出靦腆的芬蘭式笑容歡迎我；我心想這款型男，怎會到此鄉間迷你小學來咧？但嘴上還是說著我提早到了二十分鐘，您請先去忙，我在外面院落逛逛就好。

尤西客氣的邀我一起進去，這時已是晨間八點多，我看到孩子們陸續乘著「計程車」到校。計程車？雖然我聽過在芬蘭許多偏遠及郊區地方的孩子們，是搭乘當地市府支付的計程車上下學。

之前在赫爾辛基國際學校，看到美國大使館為他們所有的館員孩子們提供免費的計程車上下學接送，就已經是瞠目結舌。但今天看到的是整個學校三十個孩子，不分家庭狀況，全是以中小型計程車接送。

我不禁和尤西聊起了孩子們上學乘坐的「交通工具」……

他說：「住在這郊區的學童，住家散布廣闊，又因為區域內沒有便利的大眾交通工具，所以郡市當局為了讓孩童接受國家義務教育，因而提供計程車的上下學接送，費用由郡市政府負擔。」

對啊，在芬蘭，憲法保障國民受教育的權利，因此提供教育資源，包括了適當的學生交通安排，就是政府應盡的義務。

在一個重視法律權利、義務的國家，所有的一切，包括教育，也是國家與國民之間的一種憲法關係。

我一邊看著學生陸續坐車到校，一邊走進了校舍的門廳，十分驚訝這所學校雖小，可是一切整齊完備！觸目所及，絕不像

搭乘由當地政府提供計程車上下學的孩子

是一座所謂「鄉間學校」，不僅教室的設備、老師與校長的備課休息區、教學工具和體育設施等等，都有著等級不低的「私立」學校水準。而這還只是羅亞市郊區十幾公里外的一座公立迷你小學！

同時兼管兩所學校的資深校長，興高采烈的迎接我，他和尤西老師交換意見之後就招呼我，還一邊打手機，以三方通話方式和陸續進門脫卸厚重冬裝的孩子們寒暄。他引導我先到了餐廳，只見三張長桌的小餐廳整潔明亮，而一張桌上已擺了咖啡杯和吐司、火腿、生菜、奶油等等餐點。

廚房裡一位穿戴頭巾和圍裙的媽媽桑，和藹可親、笑臉迎人

羅亞市郊區三十人迷你小學的教室一景

的以簡單的英語問我要喝咖啡還是茶，我一邊謝著說咖啡，一邊問著她工作和住家情形。

她就住在學校對面，每天來校為孩子們準備中餐和清潔打掃，接著悠然的指著窗外晨曦迷朦，還透著微藍天光的原野說：「工作的地方能有這樣的景觀（view），有什麼比這更幸福的呢？」她有如鄰家阿嬸一般的臉龐，有著我望之莫及的智慧和溫暖。

尤西在我一進門，話語就從未間斷過，他和校長倒是都分別先問了我是否去過一所名為貝提萊（Pettilä）的學校。一大清早開過蜿蜒的鄉間道路，我一時腦子還不太輪轉。好像耶，嗯，沒錯的呢喃了幾句。

他倆高興的說：「我們的太太就分別在那所學校當校長和導師！」我驚喜的愣住了，兩對夫妻檔，居然在兩所截然不同的學校讓我遇見！但先生們是在鄉間迷你學校當值，太太們卻在較近市區的中型學校教書，有趣極了！

想不到這世界，說大不大，說小還真小。

學校傍臨著鄉間車道，面對著優美湖畔與青翠樹林，環繞著學校後方的整片森林，令我感到舒暢清新。雖然這鄉間道路的車子不多，但車速比較快。孩子們，一方面住的區域分布較廣、路途偏遠，一方面是路上車速並不安全，所以這裡的三十個孩子，每天都是由計程車分批接送上下學。

這不是奢侈，不是浪費，而是一種國家對善盡教育義務的用心與付出。

這裡一到六年級的三十位學生，採取了混齡教學，這很芬蘭，務實又兼顧教學成效。一到三年級在一班，四到六年級在另一班。上課時間彈性配置，有三個年級一起上課的時間，也有單一年級或是兩個年級一起上課的時段。學校只有兩位常駐老師，既當導師也當大多數科目的老師，英語課則由一位另外聘請巡迴三所小學的老師，在固定時段來教學。

帥哥老師的教學桌上，擺了不少教本和書卷，我問著有關課本選擇和混齡課程的教法，他倒是蠻自豪的把他和校長一起決定的三年級歷史課本，和低年級的數學課本拿出來，開講似的述說著他做選擇時的考慮，比如圖頁多元、內容精彩等等；不過他也說一個課堂內同時教兩個年級，是比較需要花費心力的。

我問了他是怎樣到這兒來的？我心想，該不會是被分發來的吧？但他卻理所當然的回答說：「我自願來的啊！因為混齡教學的挑戰性高，不是每個人都可以勝任；我既可以住在羅亞，又能在這裡教，蠻不錯的。」

嗯，他選的是一份志向，不再只是一份工作了。

校長和尤西陪著我在整個學校走了一圈，這三十人的學校，還真是應有盡有。不僅有室內體育館，可以打籃球、地板曲棍球、手球、羽毛球，還可以做體操和舞蹈，更設有更衣間與淋浴室。

校長很自豪的帶我去看了工藝教室，它就在這所學校一九〇六年創立時的第一座建築物內。「一九〇六年？」天啊，這學校有一百零一年的歷史！

這棟已然百年的古董級木造校舍，至今仍維護的相當得好，不僅延用至今，讓世代的芬蘭孩子們在此跑進跑出，更是個文化與教育的歷史見證！

鄉鎮學校的孩子，英語真不錯

開車沿著來時路，回頭往羅亞市區走了八、九公里，就到了另一所我要訪問的小學，它也是一座只有三十位學生的迷你學校。無奈傾盆大雨的路況讓人迷糊，竟然第一次錯過了學校而往前多開了幾公里，一發現不對，再回頭才發現原來就是路旁有著開闊庭院的建築物。

雖然它和前一所學校同樣都是只有兩位老師的迷你學校，但這間學校的建築風格、教室、餐廳、教師休息室等等，卻不完全相同，就像許多的芬蘭學校一樣，沒有統一的標準；而這一間的校舍整體建築成一字排開。

高瘦年輕的提摩校長（Timo）正在上課，他一直自謙英文不好，帶我到正在上英語課的艾雅（Eija）老師班上。

艾雅正在教三、四年級混齡的英語課，她熱切的歡迎我進來教室和孩子們互動，三、四年級都正好各五個學生，艾雅就用不同教材教著分坐教室兩側的學生，還邀我一起和學生談天，七嘴八舌的問起年紀、興趣等等，我就這麼和這群八、九歲的男女生們聊起天來了！

一個小時很快就過了，學生該去吃午餐，我信步走到隔壁空蕩的教室（其實這學校一共只有三間教室），一邊看著輕鬆、活潑的布置，和設計良好的教材、教具，心裡滿滿的愉悅和喜愛。

突然教室裡多了幾位小男生，笑瞇瞇的努力用英文和我打招呼，一位高年級壯碩的男生，以頗為流利的英文問說，校長問我要不要一起用餐？但他卻好像更熱心的想要帶我先去參觀學校。我決定先去用餐，順著學校的基本作息，和學生、老師一起體驗。

我和他們一起吃了肉丸（Meat Balls），煞是好吃，難怪小女兒在學校最愛吃肉丸。這時候幾位六年級和四年級的男生，活活潑潑爭先恐後的來搶著要當我的解說員，他們一會兒問要不要喝東西，一會兒又問吃得夠不夠。

正在享用由政府提供溫熱午餐的芬蘭學生

我驚訝這幾位才小四、小六孩子們的英語能力，雖然在鄉野小鎮的學校，卻也能經由適當的教學，而有足夠的溝通能力。

幾位小男生向校長拿了體育館與工藝教室的鑰匙，帶我去隨處參觀。我邊走邊說，你們學校不錯耶，乾淨清爽、井然有序、應有盡有。

六年級高壯的男孩說：「對啊，不過，我們學校是小學校。」

回到走廊，看到另一位老師正在上美術課，現在是四到六年級的孩子一起上。剛才的英文課是二、四年級的學生一起。標準的混齡教學，難怪這樣的小型學校得以生存。

離開學校，外頭依舊陰雨綿綿，校長從抽屜拿了兩份孩子們畫製的明信片給我，還印了一張我要前往下一個參訪學校的地圖，生怕我在偏遠處迷了路。

我告別了廚房阿姨、老師、校長以及可愛的孩子們，走向停在碩大戶外廣場的車子，心中想著，二三十人小學，也那麼有特色！

原來，在小型學校裡的孩子，還是可以快樂成長的。

十五位學生的迷你小學

車子再回頭往羅亞城裡開，上了高速公路，在離城區二十公里外經過了一座紙廠，望見遠處一座木橋，記得剛才學校的師生們說，我要找的第三所學校就在附近了。天際依舊陰鬱，無法好好一睹景色。但行經的森林與湖泊，已讓我心嚮往。

連結湖泊的木橋，帶我進入一處世外桃源，轉眼間，我又看到一個標準芬蘭式、小得可以的學校（Koulu）告示牌，我找到了。車一開進停車格，閃過一個念頭，我想，好像已經不用深入參觀了，因為接連看到這樣小型學校的環境，打破了我對刻板「小」學校的觀念，以及偏遠郊區孩子的學習生活。

又是一棟百年木造建築與森林綠意盡收眼底的學校。我一進室內，整齊、溫馨、井然有序，我真的好懷疑，這是一所只有十五位孩子的公立學校？

這樣的環境，不僅城裡孩子難以企求，更像極了傳說中的私塾。

全校一到三年級，十五位孩子。學生人數很迷你，但它和所有的學校一樣，該有的設備一項都不缺。以整體空間的平均使用率來算，他們顯然比我兩位在首都的女兒們還

羅亞市郊十五人的迷你小學

要幸福，因為整座建物的資源，就屬於他們「私有」。

唯一的老師正在忙著招呼學生，而廚房的阿姨正在煮點心，老師請了一位當地社區人士來幫忙接待我。可能是年輕女老師的緣故，整個教室與走廊上的布置，溫馨雅致，像是甜蜜的家。我的目光，停不住的東張西望，感覺處處是驚喜，這種氛圍絕對是我女兒們在赫爾辛基城市的學校，所享受不到的「奢華」。

十五位學生的學校，當孩子到四年級後，就會轉往其他更大規模的學校，到時候，當地政府一樣會提供與現在相同的設備，而且與所有的芬蘭體制一樣，該有的營養午餐少不了，該有的書一樣會提供。我問著終於停歇片刻的老師，不會因為地處偏僻而少了資源嗎？

她們斬釘截鐵的說：「當然不會的，憲法上有規定。」而除非政策是要關閉學校，不然只要學校存在的一天，它絕對應享有所有義務教育中該有的福利與資源。

這些包括：一樣是計程車接送上下學，一樣有溫熱午餐，免繳學費，一樣的高品質印刷課本與教材，一樣的工藝課設備，一樣的編織毛線和縫紉針具，一樣的……

又是「不讓一人落後」的政策落實。

整個學校，只聘一位老師，撞鐘但不兼校工，打掃和煮餐有專業的阿嬸，就和所有芬蘭的學校一樣。這也就沒有誰管理誰的問題了，教育是良心事業，長髮披肩的年輕老師安妮說她希望能一直都待在這個學校教書，我沒問為什麼。

換成是我，如果也正好住在附近城鎮，又能有這樣的工作環境，每天開個二十公里的車來上課，何樂而不為？

這樣的環境，對於自小在城市長大的我，羨煞三分！如果偏遠地區的教育資源一樣，可是環境更好，如果鄉間小城的建設相當俱全，真是沒有一定非往城鎮去擠。雖然芬蘭政府近幾年來，正在為日後學童人數遞減的情形，研議如何重整全國各地的學校。因此，關閉偏遠學校，或者併校的動作，正在各地上演。

官方說法是，要把教育資源善加利用。所以併校是為了給孩子更好的教育資源當。當然，這些決策落實之際，會遇到當地居民的反彈抗議，也是經常見到的情況。

對於一所又一所處處是歷史與社區歲月記憶的學校，其去留問題一再浮上檯面，大家也只能隨著趨勢載浮載沉了。但是，因著人口結構的變遷，社區的再造，以及把關閉部分學校之後整合起來的資源，投注於附近學校與學生，這似乎已是無可挽回了。

不管日後這三所學校是否仍舊存在，但它們的確在每個世代階段，充分發揮了基礎教育的作用。推動或反對關校的各方必然有其說詞，但，這些說詞後的因應策略是否完善，才是更為人民所關心的。

為每個孩子提供最好的福利與基礎教育，我想這點，芬蘭始終都會全力以赴。

十五人迷你學校的安妮老師

現代建築獎的學校

赫爾辛基市政府教育局與芬蘭鋼骨結構協會，一起為赫爾辛基東邊一所新建社區的中小學，舉辦了開放式的建築比稿，目的就是為尋求設計新穎、互動式的教學環境空間。建築比稿的另一項用意，是希望發展鋼骨結構運用於學校的建物中，目的是想從學校周邊環境，尋找設計靈感，並促進學生對社區整體環境的體認。

這座位於「陽光海灣」（Aurinkolahti）新建社區的中小學校舍，就是獲得這項競圖比賽首獎的建築設計所在地。

我一直很想到赫爾辛基幾個區域參訪，主要是因為這些地區的移民族裔比例較高，社會與教育也較多元。正巧有芬蘭朋友建議，可以前往陽光海灣社區學校。

「它是不是得過建築獎，建物中央採挑高空間設計的學校？」我一時好奇就問起來。

「對啊！我之前就在那兒教過書！」朋友很驚喜的說。

我如願站在這一棟樓高三層、結合空間設計美感與自然科學設計的學校前方，整座建物設計概念，一覽無遺。方正簡潔的線條，以及廣泛運用透明玻璃、鋼骨與木材的特色，俐落、現代，和這十多年來的芬蘭建築設計，有著非常近似的風格。

大片的落地玻璃面，符合北國人民對日照陽光的渴望與需求，新穎摩登、配合著鮮明的繽紛色彩處處點綴，使北歐建築的功能主義和實用考量，發揮得淋漓盡致。

在芬蘭，這樣的學校建築設計與環境融合，隨處可見。芬蘭公共建築的品質普遍相當優良，雖不是以華麗和碩大取勝，但卻有歷久彌新的時代感和價值感。大多數的圖書館、學校、文化中心等公共建設，都有一定水準的設計質感與建築品質。

這棟有海景視野的得獎建築作品，是為基礎教育一到九年級，學生人數五六百位所使用。設計上分別從實際動手做和理論課程學習上，去建構出兩者既有空間，卻又交互融和的概念性建築。

看到三層樓挑高的上課與活動空間，專業的表演舞台與音效控制室，除了可提供給學生藝術活動與科技運用練習，還可兼作餐廳、會議廳、師生會議廳、大小型戲劇表演場地等，更可作為物理學科的重力實驗場所。

這所學校的建築設計，既然標榜了要從自然科學與藝文活動兩類重心來發想，所以當初進行設計時，就特別設計了一座景觀台，讓學生們可以用來觀察自然生態。我看到室內空間中有一處像是魚缸的大型玻璃區域，校長很自豪的對我說，這是讓日光進入室內時可以產生折射，讓師生有機會觀察到不同光彩變化的實驗區。

這座巧思貫穿各個角落的新穎學校建築，讓建築設計師們精心規劃的心思，能完整融合師長的期待。它乍看之下，像極了一所精美的私有建築，但它卻是一所有著高達百分之十七外來移民學生比例的公立中小學。

代理校長回憶說，當時前任校長的專長雖然是數學，但他與部分教師群，很積極的表達了內心所期盼的教學環境。

學校裡觸目所及設計感十足的設施，不僅可見全透明玻璃教室、學生使用的大型置物抽屜間、蜿蜒曲線的廊間座椅、鮮黃色豔光四射的沙發等等，全是整體設計的一環。

在芬蘭，多數的公共建物設計，包含了整體的燈飾、桌椅等室內設計，成就了視覺感與應用上，那種一氣呵成、一體成形的整體美感。

陽光灣學校的外觀一景

這樣的建築能完成啟用，除了帶給孩子們良好品質、有設計感的學習空間之外，更讓學校在頻繁的接待教育參訪團時，不時穿插了一團又一團的建築欣賞團；它正好也成了展示芬蘭建築設計與公共建設的最佳平台。一舉兩得的既造福社區莘莘學子，又呈現出國家的設計工藝水準。

鋼骨創造溫馨的學習環境

去了陽光海灣社區學校兩回，第一次是去看中小學，第二回是到它對面的幼兒所和幼稚園（Day care & Pre-School）與低年級學區。

那天，代理校長忙得不可開交，除了趕著上課外，正午時分還得接待一批來自日本的建築參訪團，前來觀賞學校的建築，以及具有實用功能和美感的設計。

此時，我不禁想起兩年前在赫爾辛基的衛星城艾斯伯（Espoo）拜訪過一所位於森林區裡的學校，其環境優美清新、校舍建築現代氣息濃厚、色彩鮮豔奪目，不論我到過學校幾回，每次看到它，都讓我有著遠離城區的舒暢與悠適，它的建築風格也與陽光海灣的新穎學校一樣，各具千秋的讓人眼睛一亮。並常接待來自各地的建築參訪團！

想不到，這一棟棟優質的建築空間規劃，不僅善用了納稅人的辛苦錢，也為一代接一代的學子們創造了良好的學習環境，更能成為建築設計美學的實際教案，以及社區景觀

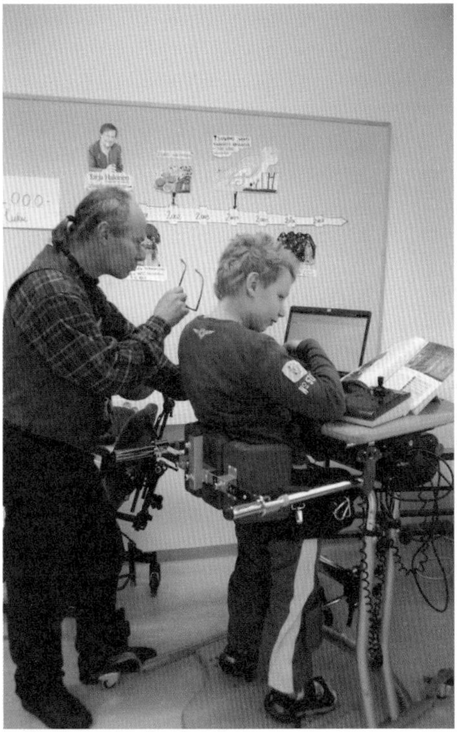

拉普蘭首府中學的殘障學生與個人助教

陽光灣學校專為殘障生所設計建構的三溫暖浴間

陽光灣學校專為殘障生所設計建構的浴缸

與人文整體的驕傲。長久來說，更是為家鄉故土創造永續經營的美感與環境。

但我覺得特別值得一提的是，陽光海灣學校裡的殘障學生教室與三溫暖空間。裡頭的設想真是貼心與完善，因為專為殘障學生所設製的三溫暖和按摩浴缸空間，非常寬敞，到處附有雙把手，而且各種更衣、淋浴、盥洗設備，都依照殘障生的使用高度來設計。

我問校長：「那他們何時使用這些設備呢？」

校長一副理所當然的回答說：「上完體育課之後……」

的確，在芬蘭，孩子們上完體育課會去沖澡，我們家兩個女兒上學就是如此。芬蘭學校的基本概念，就是讓孩子們感覺舒適，不要汗流浹背穿著濕衣服一整天，苦了孩子。

完善的淋浴間，與個人物品置物櫃，就成為學校的基本設備。和一般學生一起上課的殘障生，當然也享有同樣的沐浴更衣權利，只是芬蘭平平實實的把它付諸實現，讓我感動不已。

看到隔壁教室裡坐著一位殘障學生，與一位老師在一間寬闊的教室進行一對一的學習，他擁有和北極圈裡以及芬蘭其他各地學校的殘障孩子們一樣，由學校配發給他個人學習使用的手提電腦。老師和他一起，運用校方配發的科技設備，上著一般學生們都會上的課程內容。我眼前所見，這間寬廣的淋浴與三溫暖，就是提供給這些需要更多照顧與教學資源的孩子們。他們行動不便、坐著輪椅，有些手腳萎縮、有些頸部肌肉發展不全，但他們的學習與成長，不會因為公共建設與教學資源的不足，而被教育體制所忽視。他們反倒在芬蘭教育理念中，享有比手腳健全孩子更寬廣、更充足的空間，以及更符合他們體能與需要的設備。

平心而論，為孩子們提供更多運用科技的成本，算起來都是很有限，但啟發人腦與培養人才的長遠規劃，卻是無價與無限！

想起全身癱瘓的英國科學家霍金（Stephen Hawking），如果他因為肌肉萎縮症的不良於行，而被迫放棄了研究志業與學習環境，那日後震撼天文學界的《時間簡史》和宇宙黑洞理論，就不會問世而影響全球科學界至今。

科技是服務人類的，尤其是讓身障者獲得和一般人一樣發揮身心智能的機會，就是科技最偉大的人文貢獻。

科技又能花教育多少錢？但它適切的為身障者所帶來的心靈與思想解放，的確是無窮的價值；不論是為了可能成為偉大科學家的霍金，還是一位小小年紀的輪椅學生，一旦它被善用，就是最無價的！

當公共政策與環境建設，已將「無障礙空間」視為整體設計不可或缺的環節時，那身障學習者的教育與輔助資源投入，就是必要的基本理念。畢竟，要想落實「一個都不能放棄」的教育思維，就必然會視人人都有價值。而光就推動建設硬、軟體的用心上，就讓我看到了什麼是把「人的價值」置於核心。

這樣有建築美感的學校，芬蘭各地皆有。當然，不同年代建築起來的校舍，必然反映出各個時代的思維；一九七〇年代所蓋的部分學校建物風格，現在看起來就顯得老舊、窄狹、灰暗。

所以，一些學校的建築與空間規劃，和比較新穎的建築設計迴然相異，也明顯有新、舊的分野，但至少各地區的基本校舍與學習空間，仍在現有規模內求新求變，更有不少知名的、不同世代的優秀設計作品分布各地。

建築比稿首獎的陽光灣學校挑高空間設計

淑女左手臂上的小鎮

隻身飛往芬蘭北極圈內的拉普蘭，我先從赫爾辛基飛到拉普蘭的基提萊（Kittilä）鎮，當時才下午三點一刻，但在幾近永夜的北極圈，已是漆黑一片。

在基提萊小機場，凝視著窗外看似永無止盡飛舞著的紛飛大雪時，我的心，也隨之飄盪，有著絲縷的茫然。在迷你機場足足等候了三個多小時，就是為了轉搭長途巴士前往芬蘭與挪威、瑞典邊境不遠處的恩儂戴奇歐（Enontekiö）小鎮。

我在極圈的夜裡，等著巴士趕往恩儂戴奇歐小鎮

本以為，到了北極圈這麼深處的小鎮機場，必定杳無人煙、旅客就我一人，沒想到小機場還真繁忙，一團接一團來滑雪的歐洲遊客，熱鬧極了。這時，我才猛然想起在附近有一座北歐出名的觀光滑雪度假勝地萊維（Levi），它為當時不到六千人的迷你小鎮，創造出驚人的極地觀光奇蹟。

為了這次的訪問，我向來自拉普蘭首府羅瓦涅米的朋友請益：「我想走訪真正的拉普蘭，想去實地勘察遠在拉普蘭地區最深處的基礎教育，看看是否與芬蘭其他地方有所差異。另外，我也對於拉普蘭原住民薩米人（Saami）的教育概況充滿興趣。」

在之前的訪問與研究中，我已經知道芬蘭在卅年前開啟的現代教育改革，就是從拉普蘭的首府羅瓦涅米向南一路推行；主要原因不外乎拉普蘭與首都赫爾辛基之間超過千里的距離，足以抵擋任何深度改革的抱怨聲浪。

拉普蘭朋友克麗絲汀娜（Kristiina）建議我：「那妳可以去恩儂戴奇歐！」

我看著她，當場啞口無言，腦子一片空白。一時之間，我連這個叫什麼……tiö之名的，都唸不出來，更別談她的所在位置。

我是打算去拉普蘭，可是，從沒想過要去那麼遙遠的邊境上啊！我充滿疑惑的問：「我真的得去這麼偏遠嗎？」

她一臉篤定的說：「對啊！」

嗯，隨手翻開記事本中的芬蘭小地圖，天啊，這個恩儂戴奇歐距離首府的赫爾辛基有一千兩百多公里之遠。當時，心中多少參雜著萬般的掙扎與百般的不情願。

不過，仍一咬牙和朋友說：「好，沒問題！」

「但是，十月底，天會有多黑？如果日照不足，那拍攝出來的照片就不夠好看，那該怎麼辦呢？」我又沒頭沒腦的問著她。

「黑與暗，才是拉普蘭人冬天的真實生活。」她好心的笑著說。

對呀，在北國生活了五、六年，難道我突然忘了嗎？真正要走訪當地真實的層面，就不能挑最好的季節，不能只選擇觀光客會前往的季節才去，而應該是隨時隨地的去直擊最平實的生活與教育。

我誠心誠意感謝她的善意提醒，如大夢初醒般的放開了心懷。

「妳放心啦，多少還是會有日光的，而且只要下了雪，就會增加不少反射的亮度。」隨後她笑笑說。

心裡還真想繼續問說：「真的嗎？」但臨時剎車閉了口，低頭猛喝了一口帶點苦澀的茶……

天啊！我在想什麼呢？

我知道，要去真正瞭解一個國家，就如同想要認識自己和任何一個獨立的個人一樣，必須永無止盡的廣泛、深入走訪和探索，沒有天候或環境的阻隔。

拉普蘭的北極圈，我這幾年曾經分別在不同的季節和月份去

十一月深冬夜裡的北極圈羅凡涅米市地標：飛躍馴鹿

過，在二月、三月和七月，只是這回是選擇了幾近永夜的十一月底，而只因為我不是去玩耍嬉遊，心中竟會燃起如此多不切實際的不安與疑問！

經歷整整十個小時的飛機通航和等待巴士，我終於來到了兩千居民左右的恩儂戴奇歐。這座小鎮唯一一所高中、國中和小學三合一的綜合學校校長皮亞歐（Pirjo），建議我住在一家有歷史傳統的家庭旅館。

抵達的那天晚上，已近十一點。但旅館溫馨雅緻，不僅室內燈光通明、整潔舒適，而且無線網路完全暢通，我的手提電腦即刻上線。恍惚之際，我完全不認為自己已身處芬蘭北極圈的拉普蘭，位在那個淑女敞開左手臂地圖的尖端位置上。

極圈鎮上的中小學

恩儂戴奇歐鎮，正位於芬蘭淑女左手臂高舉起的尾端，所以當地人稱之為「拉普蘭之臂」（the Arm of Lapland）。女兒們說，芬蘭這位穿著知名國寶級品牌Marimekko註7的長禮服女孩，原本展開雙臂歡迎大家；然而，她的右手臂，卻不幸在第二次世界大戰之後，被當時的蘇聯掠奪而去，所以成為今天的這位獨臂淑女。不過，她卻依然招手歡迎大家。小女兒還特別扮成了這個淑女的模樣，我倆會心一笑。

一早，校長就到旅館來接我，小鎮總有著大城市少見的濃郁人情味。她說，許多人無法相信她能在這裡一住就是卅年，但拉普蘭的自然、潔淨、安詳、簡約……深深吸引她這個都會女子，讓她在初見之際，就此結下大半輩子的教育與人生情緣。我花了一整天在學校參觀訪談，就如同我在所有走訪過的芬蘭學校一樣，眼裡見的、耳裡聽的、相機鏡頭下的一切，都讓我驚喜不已！

所謂「偏遠地區」在我們習以為常的看法裡，是一種什麼樣的景象呢？

在這偏到不能再偏的極地北疆，一個當時不到兩千人的城鎮，講拉普蘭語的人口占了百分之九點二。而這一所是周邊廣大區域內的唯一學校，小一至國三，學生人數約一百四十位，高中部包含了其他不同地區的學生約三十六位。

事前真不知道會看到哪種型態的校舍、教學設備、師資和教材？我也不抱任何預設想法，就讓最實際的狀況在眼前展現吧。結果，我是超乎預期的、興高采烈的在校內穿梭來去，和師生一起享受了一段開心愉悅的訪談。

我對於小鎮學校裡應有盡有的設施，一直讚美不已。從室內體育館、一間間明亮討喜的教室、設備完善的整潔廚房、門廊走道上的燈具掛勾和櫥櫃等等，都感到欣羨和感動！來到學校兼鎮上的圖書館，乍見分別以拉普蘭文和芬蘭文標示的圖書館字樣，想起這是拉普蘭地區的標準雙語標示。

一進圖書館，我不禁驚訝的問：「鎮上到底有多少孩子呢？」能讓一座麻雀雖小五臟俱全的圖書館規模得以「生存」？圖書館的兒童藏書部分，如果不包含瑞典、挪威和芬蘭等三國共同分享的流動圖書館，直接拿藏書量除以鎮上的孩子人口數，那每個孩子平均能借閱、擁有的書籍數目，絕對不亞於大城市裡的孩子們。

學校高中部的宿舍，提供給更偏遠地區的學生免費居住。以整個薩米族區域來看，幾所周邊的學校加總算來，當時約有百分之十一左右的學生選擇以薩米文為母語。但來到學校一整天，我很難辨識薩米族人咧！

校長說：「別說是妳了，我也分辨不出來。每一回，我都得請教他們呢。」

芬蘭對於薩米族裔的定義是，只要具有四分之一的薩米血統就算是薩米人。但芬蘭在拉普蘭所投注的教育與資源普及，讓薩米族人已過著與芬蘭人等同的現代生活。

我對校長說：「來到極圈深處，看到學校提供給孩子們的溫熱午餐、教育設施、圖書館資源等，都與城市裡的不相上下。我真心讚歎！」

校長後來驚訝的問我：「妳下回何時會再來？妳下次再來，我一定要幫妳安排一場演講。」

我好奇問說：「講、講些什麼呢？」

她笑著說：「就是妳剛才和我一起分享的這些心得啊！」哦，是這樣子。我瞭解校長的想法，有時芬蘭當地的學生們也會有「身在福中不知福」的心態，因為每次我對於芬蘭人所擁有的資源，從不同面向加以說明分析和讚賞，卻也意外的讓部分不同時代的芬蘭人覺得有些驚喜。畢竟他們所處身的社會，從小到大所經驗的教育、成長、交通、自然環境，一切的一切，似乎都來得如此自然、安穩。

當一切事物相較下的唾手可得，一切生活資源盡皆豐富之際，一時間便無從比較起，那，孩子們何以知道自己擁有的真的比別國學生多呢？

恩儂戴奇歐學校校長是希望學生藉著外來訪客的分享，而瞭解自身環境。

恩濃戴奇歐小鎮的圖書館兒童區一角

人有時確實必須借著他人來瞭解與認識自己。

在教師休息室中，看見標示價格的各色絨毛圍巾與手套，吸引了我的目光。我問校長：「這些是學校在賣的嗎？」

她說：「是啊，九年級的孩子明年要去義大利一週，這是籌款用的。」我二話不說，拿了二十歐元，買了兩條圍巾給女兒們當禮物。

我心有同感的說：「我們家老大明年五月也將隨同全班到英國八天，所以，她們也在做募款與義賣活動。」

衷心祝福他們的義大利之行，連續三年的籌備與募集旅費，相信對於孩子們是個很好的學習；從極地至南歐，必是孩子們終身難忘的旅行初體驗！

註7：Marimekko，創立於一九五一年，是芬蘭的國寶級服飾、織品、提袋等設計品牌，也是芬蘭人的驕傲。它以亮眼的大型圖像花色，及堅韌、耐久的優良材質，長期占有西方及日本流行品牌一席之地。Marimekko品牌歷久彌新，十分擅長從經典花式圖案中，創造新意。

我們有全世界最好的水質

結束一整天的學校參訪，我獨自漫步在天幕低垂已近完全黑夜的恩儂戴奇歐市區，行走在零下十度的迷你市鎮街道上，沿途禁不住隨手拍攝，就這麼一路走回旅館。溫暖的燈光讓滿室通明，我踩著戶外厚實的雪進來，突然想起昨日深夜問了旅館的櫃台：「房間浴室水龍頭的水可以喝嗎？我想買瓶礦泉水。」

「水當然可以喝，這是全世界最好的水質。」當時這位老媽媽十分不解的看著我說。我頓時感到不好意思，深感自己又扮演了一次都會人的「傲慢與偏見」。腦中原先以為城鄉之間，應該是有些差距的；因為我原先以為這「只」不過是座兩千人的小鎮，憑什麼會樣樣具備？

但回到房間，在水龍頭下所接起來喝的水，竟然比赫爾辛基或其他城市來得甘甜！這時我油然想起，英美報章雜誌上的許多報導，都提過拉普蘭地區的水質，就是一如水晶般的澄淨清澈。

難怪，我在學校訪問時會忍不住和校長說，天啊，這麼溫馨的小鎮，市中心就是由一排筆直的商家店面所構成，遠處白雪覆頂的起伏山巒、十一月底的暗藍天色，猶如破曉時分的微曦晨光，與我前幾回在二、三月間來拉普蘭時所見之明亮晴朗的湛藍天際，有著截然不同的反差與對比。

但那種天地渾然一體、人與自然如此貼近的感覺，竟是我這趟走訪過後，才真正認識到的！

擁抱著如此自然的環境，難怪校長和一些老師會一待就是二、三十年。這裡的孩子，雖然地處「偏遠」，但因為國家的教育政策與資源分享一毫不差的施行出來，反而讓他們擁有了比城市孩子，更多的大自然福分。

北極圈裡恩儂戴奇歐小鎮的學校

他們在冬季可以和家人騎著雪上摩托車四處遊走，生活步驟可以不疾不徐，更可以在最不人工的環境裡與自然為伍，欣賞四季變化多端的天色。即使是深冬的十一月天，看起來暗沉的天色，但每一兩個小時就更換色度。從破曉到落日，讓人發現一樣的日月，還是會有不一樣的光彩。

校長補充說：「這裡的孩子比較不愛滑雪。」

我有點訝異的說：「真的啊？可是，歐洲南邊的孩子，還有其他亞熱帶的孩子會多麼羨慕，有的還得千里迢迢遠征來滑雪！」

校長笑開了，我其實也明白，生長於雪季長達半年的孩子們，滑雪是從小到大生活的一部分，也許會有點膩，對吧？

待在小鎮三天兩夜，終於到了要轉往北極圈下一站的時候了，我拖著行囊，踩在旅館外的厚實雪地上，天還沒亮的清晨七點一刻，來到長途巴士站等候，我得趕在十點半以前萊到基提萊鎮，那裡還有一整天的訪談行程等著我。

北極圈地圖上的基提萊鎮位置

萊維山邊的基提萊鎮

一登上巴士，我就昏昏欲睡，反正外頭一片漆黑，啥也見不著，又在瞌睡的情況下，當然不免倒頭就暈。我呢，就是怕冷，在冷凍庫一樣的溫度下晃個兩三下，就會成了嗜睡的冬眠動物，需要室內的暖氣來烘一烘，靠著暖度來甦醒。無奈，一路下來手腳總還是冰冷。

車子一路行駛，陸續上來了不少乘客，多數是孩子們，他們是不同年齡的學生，在黑暗的極地一早，就已經紛紛得去趕巴士，有的坐上十來多公里，有的坐上百公里路，為的就是去上學。

原先昏睡的我，從車上吱吱喳喳的孩童話語聲中醒來，心想著這些孩子們的作息，一個國家的基礎建設做得好，交通設備完善，就算身處於最偏遠地方的孩子，也一樣能享受教育和社會福利的福氣。

想著想著，孩子們已經紛紛下了車，往窗外一看，巴士已準時的來到基提萊鎮。

第一站是參觀鎮上的萊維職業學苑，我被邀請品嘗了餐飲科學生們所烘製的墨西哥餐。這所公立的職訓學苑，為拉普蘭地區造就了不少在當地開創事業的經營者，更建立了社群環境和服務本地、外來遊客的各類營生。

能在如此「偏遠」的北極圈，平實的為當地民眾的下一代，構築出多元的學習與就業條件，總讓人感到佩服。我吃得開心，也一面端詳這一群青春活潑又已經身懷各項技藝的少年男女，想著只要付出一樣的資源與關心，城鄉之間就應該不會有極大的差距。

參訪快結束之際，我和職訓學苑的老師說想要去鎮上的圖書館；迷你小鎮的人情味，她二話不說就開車帶我到了圖書館。

果然，又是一座麻雀雖小、五臟俱全的亮麗公共圖書館！建築外觀大方、內部陳設整潔新穎，館內的人員專業，裡面的藏書豐富。我老毛病又來了，在心中馬上算起數學，當然不外乎又將兒童書籍或是總館藏書量，除以當地的人口數；果真又是個豐碩驚人的比例數。

鎮上的市中心，是一排筆直分列道路兩旁的各類店家，而圖書館就在中心處顯眼路口，周圍環繞著層層厚雪覆蓋的白樺和松柏樹林。

隨後來到鎮上的中小學，一進門，校長勞里（Lauri）客氣的幫我拿了行李到辦公室，我趕忙說自己來就好，畢竟來了北國生活幾年之後，凡事自己來，不認為要女士優先，已經是基本的自我要求呢。

和校長一進入空間不算大的教師休息室，幾位老師正在喝茶，大家一陣開心寒暄。走訪芬蘭不少學校，有時發現男女校長，所營造出來的氛圍很不相同。男老師多了些大而化之的開朗和不拘小節，女校長們總是相對的細心，卻多了分嚴謹下的和善，實在各有千秋，好有意思。

難怪芬蘭一直希望男女老師的比例能夠相當，因為男老師的處事為人較為爽朗，這不僅可以成為男、女孩子們的學習對象，也會讓師生們一起有更多機會瞭解不同性別的世界，和男女相處的成熟方式。

校長幫我介紹了每位老師，我們一起喝了下午茶。一進門，我對於靠窗桌面上一落落的兒童精裝書冊很感興趣。這些全是孩子的課外讀物，但同一本書竟購買了近二十冊，我好奇問著：「這些書是學生的讀本嗎？訂了這麼多？」

校長回答：「是啊，因為閱讀很重要，所以我想，如果一本好書能讓許多位學生同時都能讀到，不是很好嗎？」

我心裡暗自盤算，如果一所學校願意購買同一本書十來冊，再加上全國各地圖書館的

基提萊鎮上的校園一景

基提萊鎮校園在十一月深冬的暗藍微光天色

購置，那一位作家的書要賣個五千本以上，應該就不成問題了。

書寫得好，是基本要求，但好書能好好的賣，有適當的通路，才能激起更多的作家用心創作吧。這樣，就更能讓閱讀與寫作產生良性循環，生生不息。

校長還說，我們這個鎮的經費還不錯，可以多撥一些給校方規劃購買圖書。我在想，該不會是附近滑雪度假中心所賺的錢吧？藏書不少的鎮圖書館就在附近，想必也雨露均霑的分享了不少書冊購藏的經費，多好啊！

看著這位出身自基提萊鎮的校長，從小男孩到中學都在鎮上就學，雖然在拉普蘭首府羅瓦涅米唸大學，但畢業之後，又再回到鎮上的母校當老師，最後還當上校長。勞里當時和我說，人口五萬的羅瓦涅米對他來說，實在「太大」了！

他突然說：「等我一下。」

看他從櫃子裡，找出當年在這所學校唸書時的舊照片。我一邊看一邊心裡自問著，回到只有五千人的家鄉服務？為什麼？可是，又為什麼不能呢？

如果學校裡應有盡有，老師、校長都能擁有充分的自主權，優質安全的自然環境近在咫尺。不僅可以實現自己的教學理想，還能為孩子們規劃購買許多的好書，教學設備與城市裡的學校又相去不大。

老實說，小鎮和大城，就是每個人自己生命裡的選擇了。

基提萊小學校長為孩子們訂購的課外讀物

北極圈裡的台灣情

走訪基提萊和恩儂戴奇歐這兩座城鎮期間，有時在學校參觀時會遇到比較年輕開朗的老師，或是活潑好問的孩子們，他們總會努力以所學、所知的英語，問我各式各樣的問題；比如說，妳從哪兒來的？來芬蘭多久了？喜不喜歡芬蘭啊？

這些小學四到六年級的孩子們，總愛爭相發問，我明顯的看出芬蘭的世代正在交替、改變；一般旅遊書上所塑造的芬蘭人木訥、寡言形象，或許會逐漸因為一代接一代的新生族群，透過新的學習方法、教育理念與教學模式，在日益國際化的環境中潛移默化，而逐漸改變一個民族長遠以來慣有性格中的特定氣息。

孩子們總熱切期望我寫個中文字，介紹一些簡單的招呼用語，有時候，大家就這麼開心熱鬧成一團。有時我正好碰到他們的英文課時間，就和他們開講個大半堂，一下說說亞洲、一會兒說起台灣的地理、人口、氣候、文化、流行……能在北極圈裡，和一群群孩子們，講著自己家鄉的點點滴滴，心裡煞是溫暖。

孩子們後來漸漸問了不少台灣學生上學的事，他們問道：「台灣學生考試多嗎？」

我據實以答，同學們有點瞠目結舌；班老師幫忙解釋說，其實孩子們都很不愛考試。

我想起之前大女兒跟她伯父在 Skype 上說，我六年級開始，考試就好多喔，在電話那端的大哥，有點困惑不解，怎麼芬蘭也會考那麼多試啊？

我則在一旁笑著解釋，嘴裡一邊還唸說：「小姐啊，妳真是不知道什麼才叫做考試多啊！」

「那台灣人都吃什麼樣的食物？」北極圈的孩子又問我。這個問題，我蠻擅長的，說了一堆讓自己都垂涎三尺的美味之食。

「那台灣有什麼鳥類？」天啊，這真是考倒不擅長生物的我。

我據實以答：「我對於台灣自然生態瞭解的並不多，等我下次回去台灣三年，一定會帶著女兒們到處去認識與瞭解，到時候再寫信來告訴你們喔！」

全班都很高興的拍手叫好！

其實剛才走進教室時，班老師有點懊惱的跟我說：「哎，這次數學的單元測驗，孩子們考得不好。」

我在一旁跟著走，只點了點頭，不知該作何反應。

她接著說：「妳知道嗎？我不能夠就將這些成績發給同學們。我已經和校長說了，必須再想個方式，去瞭解一下為什麼大家沒考好？是考試題目太難？還是他們沒有弄懂？我們再來做一次，之後再測驗一回。」

我聽著聽著覺得有些感動……

極圈中的台灣地理課

她又說：「考試不是要給孩子帶來挫折的，考試只是讓孩子和老師共同瞭解學生對於這門科目的認識到了哪裡。」

說得真好！記得小女兒，在期末課程結束後說：「媽咪，海蒂（女兒的班導師）說，我們這次考試考得不好，她要再來想想怎樣幫我們複習。」

看來，考試的目的是大家一起求進步，不是抓出退步而加以懲罰。

極圈孩子寫下的中文筆記

一代比一代更好

從基提萊的小學來到了國、高中的校區，天色已經非常昏暗。

室外氣溫零下七、八度，我沿路一邊跟校長談著，一邊忙著拍照和欣賞雪景，期間還和迎面而過的學生打招呼。我對校長說，這裡的雪景真的和南邊的不一樣，光是落在樹梢上的厚雪模樣就不同，像極了風景明信片，真漂亮！

「日本人還問我，你們怎麼做出這種樹的？」校長笑嘻嘻的說。

「他們覺得這樹景和雪景，都很不真實。」

這所鎮上唯一的國、高中，不僅學校裡的校舍和各種設備，又是一樣的應有盡有，而且學生活潑、好動、勤於發問，也和其他各地的學生不相上下，看不出任何城鄉差距。

當然，拉普蘭的問題還是在於幅員廣闊、人口稀少且分散，學生數目和前來地方擔任教職的男女師資比例不均等。才走進國高中部，一位年紀稍長的女校長辦公室，她沒等我和小學部校長坐下，就已經忍不住的和仍然站著的我倆，大談她的教育理想和教學概況。我們所穿的厚重長大衣，還來不及脫下，就站了一個多小時聽她說得起勁。

她認真盡力的想在短時間內，把學校的教學內容和感想，一股腦的講出來。但已近下午五點的我，開始站得體力有些不支。不過，我對於彼此相互激盪出來的後續談話，倒覺得相當有意思。

在不同年齡層的教育工作者身上，總能多少反應出一個時代的風格與型塑過程。在不同性格的人身上，也能看出他們對於自己國家教育發展的樂觀或悲觀看法。老一代的，總不免會憂心下一代的學習能力與技能競爭力，不是認為他們的數學不夠好，就是學習環境太自由了，和師長的互動、說話方式都多了點。

但我倒可以看出年輕一代的芬蘭人，與上一輩之間的顯著差異。任何一個世代，總有著對下一個新世代子弟的不確定感，然而新生代的活力、思考、學習與國際化程度，絕對會為這個國家帶來不同的希望與發展前景。

雖然，芬蘭的長輩們總對新一代的青年學子不愛學習瑞典語和不願選修俄語而感到憂心，或對於兒孫輩們的紀律、數學能力等等，比不上自己這一代而深深煩心。但世代交替所逐漸開展出的包容、開朗、自由、國際化，與之前世代相比，不僅毫不遜色，更絕對會提升到另一種讓人嘖嘖稱奇的層次。

在芬蘭教育體制與教師群體共同致力推動受教權平等、性別平權、啟發式學習、終身閱讀、知性與感性並重、體育生活化等趨勢下，芬蘭學生一代代的在良性循環的教育體系裡，逐漸成為能夠接棒推動國力，提升與改善生活的民族幼苗。這是一個重視教育理念，也同時重視落實教育政策的國家，所能給予「百年樹人」的最佳定義與實踐。

競爭力，來自何方？

拉普蘭基提萊鎮上這位資深女校長，對於芬蘭目前高中學生的數學程度，頗為擔憂；因為高中畢業考，數學已不再列入必考科目，她憂心這樣如何能再讓芬蘭繼續撐持起高科技研發與科技江山的地位呢？

抱持這樣看法的女校長，當然不是唯一的，總有一部分芬蘭人認為芬蘭教育不夠嚴謹、不夠有紀律，不像他們「以前」那般的管訓嚴格和要求高標準成績等等。

但不同世代的人，本就有不同世代的教育環境與教學方法，能夠與時俱進的改良，以及找出最適合不同世代的教學理念，才能讓教育品質不斷提升。每一世代總會對下一世代有些指指點點，但只要確實找出改善之道，那每一代之間的差異不同，就不需要擔憂煩惱了。

方法與理念容或相異，但社會的核心價值呢？大家公認的社會公平正義基礎何在？

芬蘭社會所看重的價值，就在「平等」二字！如何珍視「平等」？如何讓下一代知道、尊重「平等」？如何在教育中落實「平等」？似乎成為芬蘭社會共識中的共識、理念中的理念，稱之為「核心價值」都不為過。

當一個社會裡，大多數人都能體會確實需要每一種不同的人才，互相平等看待，互相尊重職業出身，互相認同學習需要，互相瞭解志願類別，互相認定彼此扶助才能生存發展，「平等」也才會真正落實生根。

這幾年間常常在訪談、觀察過程中，不自覺的問我自己為什麼，為什麼在不同群體、不同地區、不同校際，短短幾分鐘或長達兩三個小時的訪談裡，最後總會呈現很類似的芬蘭社會與教育基礎價值觀：「平等」！

這顯然不是一種可以被教導出來的「口號」，在開放、民主、自由社會裡，不同年齡層、不同性別、不同族群的人，是難以統一口徑去表達同一種概念的。而且芬蘭在男、女性薪資水準與工作環境上，要達到真正平等與相互尊重，還有著必須努力改善的空間。

但大家對於「平等」，必須源自於求知權力與教育機會的均等，則眾口一致的認定這是基本價值，也認為芬蘭長期以來確實履行了教育的真正平等。

十二月，一個難得有陽光的午後，我和拉普蘭朋友碰面敘舊。

「在妳看過、去過那麼多學校，觀察了這麼多不同城市鄉鎮之後，有什麼結論嗎？」克麗絲汀娜問著。

瞬間，我沉默了。

半低著頭，不禁露出淺淺的笑容說：「怎麼辦呢？怎麼——都一樣！」

她笑著回答我說：「那是好事啊！」

我所說的一樣，是城鄉差距小的一樣。

我所說的一樣，是教育資源分享情形相同的一樣。

我所說的一樣，是各地校舍與建築品質優良狀況相同的一樣。

我所說的一樣，是學校與地方圖書館分布、藏書豐富情形相似的一樣。

我所說的一樣，不論你我的出生和家庭，絕對保障享有高水準基礎教育的一樣。

我所說的一樣，是不論你是在芬蘭的中部湖區、是在芬蘭與俄國邊界上的卡列里亞（Karelia）省、是在西部與西南部瑞典語地區、是在冬天長達半年的北極圈內，學生都一樣有著熱騰騰的營養午餐可吃、有一樣高水準的教科書可讀、有一樣基本素質優良的教師、有相同的教學理念被完

北極圈裡基提萊鎮上完善的圖書館

整的執行出來，以及充足的課外讀物鼓舞著學生的心靈。

要能真正落實這一切，的確非常不容易，沒有幾十年教育界勤勤懇懇的推動、規劃、執行，恐怕沒有今天的實質成果。也因為如此，我更覺得芬蘭的教育經驗，難能可貴。

鄉鎮有鄉鎮的美好，城市有城市的優點，每個地區原本的差異性，在一個獨立自由的體制中，全國各地都能遵照基本的綱領施教，也因為講求法律保障受教權利的確實執行，讓教學體系能一面遵照規範，一面又能自在發揮出自尊與自信。

教師們被教師體制啟發、鼓勵發揮教學創意，更期待教師們獨力自主的為教學成果負責。大家都參與，每個人發揮長處，不僅先得到體制的尊重，而後自重自尊。芬蘭名聞遐邇的國家競爭力長期基礎，就是在這樣一代接一代的優質教育體系中所打下來的吧？

拉普蘭首府的驚喜

北極圈內的學校，大大小小又都是「一樣」！

我再次見識到，北極圈拉普蘭首府羅瓦涅米的中小學校，果然和其他地方的學校一樣是「了無新意」的好！

一樣好的教學設備、一樣好的課堂環境、一樣優質的師資水準，我開始懷疑自己為什麼要花上數千本書的版稅，去尋找這樣「一致」的結論。

但我不這麼做，恐怕永遠無法說服自己，芬蘭教育的平等是扎扎實實的推行在全國各地！不論是遠在天邊的北極圈，南到波羅的海岸邊的赫爾辛基，一致性高的驚人！

我在芬蘭住了、跑了這麼多年，知道自己不能只以「赫爾辛基」看世界。

有時候當我和芬蘭人說，我到過這麼多城鎮，連他們也張大雙眼的說：「真的去過啊?!」

還有人笑著說：「我真懷疑那些人如何在這麼小的城鎮上生活咧？」

只要有工作機會，我知道許多芬蘭人和拉普蘭人會真的喜歡那個有「真正」四季分明的天然環境。看看那麼多在北極圈裡一住就二、三十年，投身教育的男女教師們，就從心底感佩他們。他們確實做了一個艱難卻不會讓自己後悔的生涯規劃。

人有時選擇遷移，是為了謀生，也可能是為了夢想。

遷移不是壞事，也不代表會把童年的記憶，以及對鄉土的熱愛之情一筆勾銷、完全淡忘；相反的，無論投身何處、做何種職業，只要有一個尊嚴的自我，和對故土永銘在心的戀懷，就足夠了。

在羅瓦涅米，我去了兩所中小學、一所職業學院，以及拉普蘭大學的教育學系；如果加上先前探訪過的拉普蘭基提萊鎮和更北邊的小鎮恩儂戴奇歐，那我這一趟走訪拉普蘭，算是頗為豐富的探訪之旅，也更讓我對芬蘭投注在所謂「偏遠地區」的心力與財力，有了另一番極為深刻的親身體會。

不過，偏遠區塊的基礎教育師資問題，還是相對的比較小，真正具挑戰性的，是教專門科目的國、高中教師，如數學、英文、理化、其他語言等專長的師資。培養不易的困難，反映在拉普蘭大學並未設有此類師資的培訓，而一般學校規模小，專門科目老師有時候必須同時兼任兩三所學校，跨校際間的奔波，以及學生人數少、經常必須混齡教學等挑戰。

此外，北極圈內原住民薩米（Saami）族裔特有語言不易學習，薩米族人在接受完大學教育之後，是否願意回鄉服務等問題，也是必須要持續設法克服的教育長期困境。

拉普蘭地區的圖書館標示是以薩米文和芬蘭文雙語併行

偏遠的北極圈，學生或許享有和城市孩子們相同的教育資源，但與城市孩子所接觸到的各種多元與國際事務相比，或許會少一些，他們對於台灣在何方，可能比不上那些經常旅行，或是父母經常往返亞洲出差的大都市孩子。

但是隨著極圈孩童們逐漸長大，這一兩年間廣博見識的差距，就會愈來愈小，不會愈漸愈深，因為芬蘭新生代所接觸到的電視、電影、網路、手機和各式各樣高科技傳播工具，只會更普及、更國際化。

其實，這應該就是基礎教育的最大意義，國家教育體系要能盡力培養高品質、廣闊視野的下一代國民，然後讓這群人從優質教育打下的基礎上，繼續提升、發展更優良的成熟公民社會。

唯有基礎教育水準愈趨均等，往後社會整體政策執行，與公民行為如選舉、議會等，才會更容易行之久遠吧。

特殊教育的深層感動

在拉普蘭一所學校參訪時，得知他們這兩年來已決定將原先分離獨立授課的啟聰學校，和一般中小學校合併。我不免好奇的問，為什麼會有這樣的決策？這個決定的當時，可否有反對聲浪？或是無可避免的讓家長和師生們都心生疑慮？

當然，在合併之初，總是有相當龐雜的各種教學設備和無障礙空間設施等基本建設必須要重新規劃，以及特別師資轉駐各校，和各校原有教師群要接受特別教育的課程等等工作。但只要推行了，讓學生和老師們自然接受不同身心狀況的同學，一起融入教學，就會有出人意表的收穫。

我站在教室窗邊，看到一位和大女兒年紀相仿的孩子，在室外雪地上玩，手上還抱著娃娃。我不禁說著好可愛呢……

身旁正在教授小班制特殊輔導的老師悄然說道：「她是心智緩慢的學生，這裡有兩班心智成長緩慢的同學。」

我很感動的問：「我現在想去看看他們，可以嗎？」

老師微笑的說：「好啊。」

我靜靜的和這群中學生，一起上了一堂烹飪家事課（Home Economics），看到每個不一樣身心缺憾的孩子，在老師悉心耐心的協助下，鍋碗瓢盆、刀叉鏟鑊的耍弄著，笑聲、廚具砰然聲此起彼落。

一時間，我竟紅了眼眶，熱淚也湧了出來，我無法繼續和他們一起待在教室裡，趕忙跑到走廊躲進廁所，深呼吸、擦淚水；好一陣子才紅著雙眼回來教室。

我看著他們一起做聖誕節慶的手工薑餅，是一堂愛心洋溢，在聖誕音樂陪伴下的溫暖學習課。看到他們看似手拙卻又無比認真的學著，而且是能夠和其他「正常」孩子們所學習到相同的課程進度與科目內容，我一下子難過的猛掉淚，一下又為他們的平等、豐富受教機會，充滿著喜悅。能和一般的孩子上相同的學校，讓師生與社會共同接受、照料他們，是一種身為人，被視為平等的人所享有的福氣。

或許當其他的孩子們是在建築一座立體造型的薑餅屋，而身心缺憾的學生們，做的是最基本的平面造型，可能是一顆愛心、一株聖誕樹。但這些看似一般的薑餅，對我來說，他們真比我能幹多了！說實在話，烘焙從小就不是我擅長的，兩個女兒們總是哇啦啦的笑說，媽咪還沒有她們班上的男生們厲害。

一位手腳發展不完整而總是坐著輪椅的弱勢男生，我已經跟著他上了兩堂課，他的家人申請了一位個人助教陪伴他，學校還提供一台他個人專屬的手提電腦。雖然手腳肌腱衰竭，必須以輪椅代步，但是他的語言能力卻相當不錯，總是不斷以所學所知的英文，努力的與我快樂對談。

這整個下午，我無意間幫孩子們上了半堂的亞洲與台灣入門課，又跟著一群身心障礙的孩子們上了兩節課，我的心情一直翻攪、久久無法平覆。

心裡只是一直想著，一個社會到底能提供給這些弱勢孩子們，什麼樣的學習環境？社會關懷與實際的付出，到底可以完善到什麼地步？整體社會能接受、協助他們多少？我們能不能隔離他們，以所謂專業、分隔方式教導？還是盡一切努力的協助大眾去真正接受他們？

我想起初來芬蘭第一年間的冬季，和女兒們一起在赫爾辛基的室內大型溫水游泳池游泳。當時很驚訝看見泳池救生與工作人員，啟動了裝設在池旁的一座小型升降梯，我一開始並不知道他們在做什麼？但不久之後，就看到一位坐輪椅的肢障芬蘭女生前來，在人員的協助下把輪椅推進升降梯板，然後整個輪椅就被升降梯緩緩移入泳池。

我驚喜的看著她雙手把身體輕鬆的推離輪椅，和大家一起戲水游走，她的家人也下水游，救生員在一旁環抱雙臂、面帶微笑的看著。我既感動，又大開眼界！

隨後，我們在盥洗室裡沖澡時，看見她推著輪椅來沖洗，和正常人一樣享受著全無障礙可言的各種設施。我想，這世界上實在還有太多值得我去認識瞭解的地方。從他人已經實行出來，而且視之為理所當然的例證身上，我得到這般震撼的見識！

我如此輕易的，就見到了一個社會對於「人」的尊重，可以做到這麼平實、用心；而對人的尊嚴，可以做到這般的保障和維護。

殘障學生在《家庭經濟》課做薑餅，個人助教正在旁協助

爲弱勢量身訂做的教育

跟著學校課程進度看了好幾堂科目，也分別與三位實習老師一起在教室裡教學；其中一位正在帶領學生編織毛線，另兩位是教英文。兩堂英文課還有其他好幾位實習的拉普蘭大學教育系學生在一旁靜靜觀看，他們拿著筆記本，為自己訂出實習進度，互相討論，互相見習課程教導，和班級學生如何互動等。

這幾堂課對我而言，很有啟發性，因為我見到了不同世代的教育系師生們，在實務課程中，如何交換思維與意見。

芬蘭的教師在教室裡要如何教導學生，具有很高的自主權。教學內容固然要符合全國核心課程綱要的基本規範，但教法、教具、課本的靈活運用與進度組合，由老師主導。

教育系所的訓練，對於日後一位適任老師的養成，占了決定性的地位。但能否成為一位好老師，除了教育系學生資質要適合之外，教育系所也要肩負起招收到適合學生，以及給予充沛扎實的訓練責任。

在實驗學校的不同教室裡，我又看到一位有著不同課程表的身障女孩，她也有位個人專屬的助教和個別課程。助教陪伴著她，和其他同學一起在上英文課；而另一位曾經和家人住過韓國的女孩，轉身用芬蘭文問老師我從哪裡來？我一時興起的用芬蘭語笑著回答說台灣，她瞇瞇眼有些羞澀的點了點頭。好可愛！

實習的教育系學生「老師」雖然正在台上精彩的上課，但我還是抓住機會向身旁的講師問起，學校是否有針對比較「資優」型孩子的不同教學方案。這是我思考芬蘭教育模式與施教理念時，最經常浮現腦海的問題；每一種教育模式必然有其優異之處，但一定也有一些灰色曚曨之處，尚待釐清。

她誠懇的回答了：「這恐怕一直是芬蘭教育中最大的弱點，就是無法為資質優異的學生，提供更具特別內容，或針對個別優良學生量身製作的課程。」

這是一項缺點？她的坦白與用語之精確，讓我頓時啞然無語，而我更需要沉澱靜思……

在芬蘭全國護理總工會擔任國際主任的一位朋友沙麗（Sari），她的獨生兒子不僅在兩年前發現有先天性糖尿病，右手又因為出生時就少了一根前臂骨，造成右手指節內彎，無法正常握持。但沙麗和我一邊吃飯，一邊疼愛的為孩子叫杯果汁時，心情愉快的述說了她和孩子在赫爾辛基與約瓦斯曲萊之間搬遷、轉學的過程，完全沒有因為孩子生理上的先天困擾，而阻礙了任何學習或是師生、同學間的相處。

老師除了會接受一些如何照料糖尿病小朋友的指導外，其他一切上課方式完全照舊；學校為他準備特別的午餐，但不會讓他覺得有任何「與眾不同」的不舒服。反而孩子主動回家向媽媽提起，現在他在赫爾辛基市洛賀灣（Ruoholahti）學區班上，有一位聽障的女孩子，他和這位女生都和一般學生一起上課，但聽障生另有校方配屬的一位特殊教育的輔導老師。班上老師和同學們一起，在小小的年齡，就學會接受、瞭解、協助這些需要特別關懷的同胞。

芬蘭教育體系崇尚「平等」的主流思維，將整體社會的教育成本，盡量關注運用在弱勢者的身上，無非是希望社會群體要好，大家就一起好，至少也要達到一種相對差異不大的好。所以社會資源的使用，除了要平等的挹注在各地，也要注意原本弱勢者能獲得相對更豐富的照顧。這是以社會正義為基礎的社會福利思維，而公部門就有義務去盡力實現社會正義所期望達成的目標。

當然，民主社會總有一些聲音，認為無法特別照顧到比較資優的新生代，是國家競爭力的損失。但就以這點來說，芬蘭教育學界專家認為，教育體系提供的是全體適用的資源分配，但弱勢者優先；而資質好的學生自然會有自動學習、自我提升的能力。

芬蘭教育政策往後的目標，是使得學習與教育更具有適才適性的彈性。讓資質比較聰慧的孩子們，如果願意而且能力足以承擔，高中時期就可以先行選修部分大學的科目。

我先前在土庫市政府的教育處，和一位國際事務連絡官以及土庫大學教育系講師一起談到這項問題，他們的看法是，優秀的學生在學校裡面不僅老師知道、同學認識，這些學生自己多少也心知肚明，在現行教育大環境下，是更多弱勢同學需要接受到特別的教育資源。

然而，社會需要所有的人才，教育的理想就在充分鼓勵多元發展，讓個別能力不足的新生代受到更多輔育，才能把立足點不平等所可能衍生的教育與社會不公現象，降到最低。

一次再一次的，我在芬蘭不同地方和不同學校機構教育學者、老師、家長們的談話中，引出對談者最後說出心中對基本教育理念的價值觀。重視弱勢，願意盡力輔育能力不足學生的心，總是最讓我動容的。

小學三年級《環境與自然》課本上的世界地理

俄國邊界的芬蘭城鎮

芬蘭是北歐五國之中，與強鄰俄羅斯領土接壤最長的國家，兩國邊界長達一千多公里，讓芬蘭別無選擇的必須與這個大「帝國」緊緊貼連。芬蘭東部的卡列里亞地區，就有一部分是在二次大戰後，被當時的蘇聯強行侵占，造成四十萬芬蘭人不得不放棄世代居住的家園，舉家向西遷徙；不是搬到更內陸的安置社區，就是附近卡列里亞的其他城鎮。

雖然芬蘭東部與俄國的邊界，充滿著血淚交織的歷史傷痕，但這裡卻也是二次大戰後的冷戰時期，芬蘭和前蘇聯在經濟、貿易、投資關係非常緊密的重心區域，更在蘇聯解體、俄羅斯接續興起之後，變成更加繁忙的芬、俄交易中心。

緊鄰著雙方邊界上的聖彼得堡大都會區就有六百多萬人口，比芬蘭全國總人口還多。芬蘭藉著地利之便，加上幾百年來「知俄」的充分交手經驗，讓芬蘭東部的幾座城市，逐漸成為俄國人到芬蘭經商，甚至移民進入芬蘭的首選落腳之處。

來芬蘭頭兩年，全家曾經開車行經東部區域，當時是前往薩佛堡（Savonlinna）市和周邊的美麗湖區遊走。雖然住在芬蘭，但還是像極了終於從首都向外一探究竟的觀光客，只為了尋覓美景與傳說中的古蹟而來，一心一意想看到雄偉的建築，與古色古香的古堡。

然而，過多不切實際的期許，在走完整個東部的旅程後，心中不免悵然若失，覺得稱不上雄偉，也沒有太多幻想中的歐式富麗堂皇。不過，對於能那麼靠近俄國邊界，以及身處於這歷經過芬蘇兩國軍隊血戰千里創傷的區域，倒是留下了一絲奇異的驚怵感。

開始進行書寫教育主題之後，芬蘭東部讓我又再次的想要瞭解幾項基本問題，所以十分渴望造訪拉彭蘭塔，這個與俄國邊界接壤處只有三、四十公里的城鎮。除了要實地感受芬蘭在投注教育資源於不同地區時，是否會有不同的落差，其實我也更想知道整個區域在高比例的俄國移民之下，是否會為拉彭蘭塔城的發展，帶來不同的面貌。在這片長久以來，整體文化發展與居民收入水平相較低於全國平均值的東部區域，到底是否在教育上也有著明顯的落差？

除此之外，芬蘭教育體系如何在俄裔移民與其第二代子女紛紛湧入芬蘭學校之際，還能落實「平等受教」與「尊重母語」的教育精神？他們是如何找到族群融合與多語言教學的平衡點？我就這麼來到三年多前首度東遊卻過門而不入的拉彭蘭塔城。

和芬蘭朋友談起這個念頭時，我就說：「我想選個東邊的城鎮參訪，所以打算去拉彭蘭塔！」

先生則在一旁說三道四的講說我應該去另一個城市伊瑪特拉（Imatra）才對！我攔住一副比我還興奮的他說：「直覺與經驗告訴我，要去拉彭蘭塔比較適合啦！」

當然，我家先生最後總是當起啦啦隊，只要遇上我快沒「元氣」，或是大喊疲憊、勞累、文思枯竭之時，他就會精力旺盛與滿懷希望的為我畫出大大的

拉彭蘭塔市的火車站

「遠景之餅」，或是插嘴的提提建議，就像他會說去伊瑪特拉比較好之類的。

不過，芬蘭朋友倒也沒給先生太多面子，她說：「拉彭蘭塔距離俄羅斯已經夠近了！」

我轉頭得意的對先生說：「看吧！有時聽聽老婆的話也沒錯！」

老實說，我還是依照交通現實考量來選擇，然雖伊瑪特拉距離俄國邊界更近些，但是距離赫爾辛基可更遠呢。況且，拉彭蘭塔這個城市比伊瑪特拉來得大些，並有著重要繁忙的連通俄國公路。

芬蘭在整個南卡列里亞地區有四個邊界通關關口，從俄國來的商旅和移民相當多，俄語的通行和移民教育，在那些城市，就擔負起更迫切與舉足輕重的角色。芬蘭針對外來移民和移民第二代之後的教育，有一套完整規劃，希望把外來族裔的不同文化、語言，轉化為芬蘭持續推動全球化的另一項動力；而這對於芬蘭有計畫邁入國際化都會的大小城鎮，也可以藉著多重國籍的外來人口與多元文化的融合，加上未來整體社會的發展規劃，確實打下一個國家前途與未來的優質基礎。

拉彭蘭塔市的白雪夜景

移民族裔本身與其下一代，是否能夠順利融入主流整體社會，還是被有意無意的排擠於外，將影響到一個社會的長期發展。而一視同仁、關懷弱勢的教育體系，就提供了族群融合所需要的最根本基礎。

移民孩子的教育

在拉彭蘭塔期間，我除了與市府教育局官員晤面外，也參訪了五所學校。一下火車，我來到一所有近百分之十五比例的外來移民學校。

在芬蘭，談到移民子女的基礎教育，必須先分為跨國婚姻所生育之下一代，也就是說父或母其中一方是外國人，以及因芬、外婚姻而與父或母移居到芬蘭的婚生子女。此外，還有以難民身分來到芬蘭的，或因工作、研究、學業、商業、技術等各式因素，而長期移居此地家庭的孩子等。

任何一位進入芬蘭的外國移民，他們的孩子都與芬蘭當地的孩童一樣享有相同的國家義務教育權利；這些移民的孩子，芬蘭政府會先提供一項預備課程，通常為期一年，主要是讓孩子們有比較多的時間適應全新的芬蘭語言學習環境。

根據更新的芬蘭基礎教育的預備課程法（National Core Curriculum for Instruction Preparing for Basic Education），年齡六至十歲移居到芬蘭的孩子，在基礎教育的國家法律規範裡享有九百小時的學習預備輔導課程；年齡超過十歲以上的孩子，則享有最少一千個小時的課程。

如果一位外籍學童是在七、八歲間時來到芬蘭，地方上的教育輔導單位通常會建議家長選擇住家附近的芬蘭學校上學，以免除幼年學生不必要的舟車勞頓。但只要孩子上學之後，他們就會有特別的芬蘭語老師協助輔導。

當更年幼的移民孩童要進入芬蘭語的幼兒園時，園所老師會和他們未來的導師互相討論，除了瞭解孩子們的學習成長狀況等，也為孩子們規劃未來適合的學校，有的選擇在幼稚園多待上一年，有的直接銜接小一；而這都必須要實實在在瞭解學生的語言與生活適應情況之後，才會著手進行。

以拉彭蘭塔來說，當一位移民孩子在九歲到十二歲之間移居芬蘭時，他們通常會在市區的一所小學，先上一整年的準備課程。一開始，所有的基礎教育科目都是在預備課程輔導班上授課，而最主要是加強芬蘭語的學習。隨後，孩子們的芬蘭語加強班上課時數會逐漸遞減，並協助學生逐步轉入普通班級就讀。這樣的課程，會在一年半載後，視孩子的實際上課狀況，再給予不同的語言輔導。

外來移民的孩子如果無法在九年級順利完成課程，仍可以繼續接受第十年的基礎教育義務課；沙姆灣（Sammonlahti）中學老師告訴我，學校必須接受持續移民語言課程輔導的學生，有一半是俄裔，其他則是愛沙尼亞、伊斯蘭地區、西班牙、泰國等地的孩子。

校長說，通常移居到芬蘭東部的國中生，一開始都會被安排到這所中學，但除了芬蘭語言的專門科目之外，他們的許多課程，例如數學、體育、英文、電腦、美術和其他不同的選修課程，則會和芬蘭同學居多的普通班級一起上課；因為，青春期的大孩子，有個屬於自己並可以融入的芬蘭群體，是非常重要的。

學習與功課固然是上學的目的，但要讓每一個孩子都能平和、實在的享有和建立教育所帶來的群己關係，芬蘭老師在設計、執行外來移民的融入主流社會，確實是下了一番苦心。

校長與老師帶領著我一起參觀學校，我們走進一班只有不到四人的芬蘭語輔導課，這還真是典型不到十人的芬蘭式小班制輔導教學。看到這些國中移民孩子的芬蘭文課，使用的課本居然是成年人學芬蘭文的基礎課本，那本Suomen Menee語言書，我也曾經使用過呢！

這一班，四位學生，上課情況和教室環境，像極了私人語言補習班，其中一位俄國學生，竟有位學校提供的助教，專門幫他以俄語講解和陪同練習。老師和學生們先以生活化內容的語言教材，讓這些移民的孩子能盡快融入學校與日常生活，才能期待他們在往後的學習日

芬蘭東部拉彭蘭塔市的冬日校園一景

子裡，進一步發揮他們的聰明才智。

我後來深入瞭解，這樣為外來移民所設立的人性化語言及融入式教學，並不是只在芬蘭東部才見得到，因為這項以芬蘭語為第二外語，或是特別輔導學習的課程，在外來移民比較多的赫爾辛基市東區和北區，以及我曾經參訪過的數所學校，也一樣的踏實施行。

拉彭蘭塔中學的移民芬蘭語課，右側是學生的個別翻譯助教。

這樣的移民教學，為移民子女們創造出所謂的功能性、生活化的雙語學習環境（Functional Bilinguals），而卻又讓他們持續不斷的逐漸融入芬蘭學生社群。這對於芬蘭降低移民與主流社會的疏離感，協助移民瞭解與遵行芬蘭教育與社會規範，都提供了非常扎實的基礎。其實，芬蘭不論是在特殊教育，或是移民教育，其設計與實施的基本出發點，就在提供所有孩子們一個相對「公平」的受教機會與求知權利。

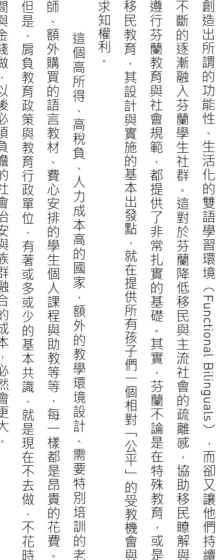

這個高所得、高稅負、人力成本高的國家，額外的教學環境設計、需要特別培訓的老師、額外購買的語言教材、費心安排的學生個人課程與助教等等，每一樣都是昂貴的花費。但是，肩負教育政策與教育行政單位，有著或多或少的基本共識，就是現在不去做，不花時間與金錢做，以後必須負擔的社會治安與族群融合的成本，必然會更大。

在芬蘭四處走訪期間，我總會發現，芬蘭一再強調移民族群可以保有其文化根源和語言，甚至其原有宗教。芬蘭人總是和我說，只有各個族裔自身的根扎得夠穩，失落感與疏離感才不會過大，也能建立起接受更多元文化與族群融合的自信。再者，當他們有足夠自信之後，再繼續學習芬蘭語，那接受芬蘭文化和社會的能力，就會增加。

就是這樣，芬蘭的大小城市，不論是首都赫爾辛基、西部的土庫到東邊的拉彭蘭塔，移民融入、多元語言教育一直都是非常重要的輔導與強化課題。

有朋友不解的問：「為什麼他們要花這些經費？去做這些效果難以評量的輔導呢？」

但愈是在芬蘭各地走訪，我愈能清楚的瞭解芬蘭人的基本想法。一個小國是經不起任何巨大的社會負面成本，如果教育也呈現M型現象，外來移民逐漸被推入閉塞、孤立、被排斥的深淵，那是最悲哀不過的社會群體自我割裂！

五百五十多萬人口的芬蘭，禁不起社會各族群間的疏離、猜忌、階級化的不安與衝突。與其凡事在事後再來謀求補救，不如先從基礎教育和小地方的導引、融合開始做起，給予不同族裔足夠、適切、適時的輔導與社會資源挹注。將移民或弱勢社群，努力轉化為社會安定與發展的中堅力量，並協助他們在社會中找到安身立命的角色。

這些事務與理想，真要落實到大多數外籍移民與其下一代，應該是不容易的長期付出。但是，如果不願意踏實的從根本做起，那一切的建設發展和社會安定目標，必是枉然。

俄羅斯與芬蘭的歷史課

拉彭蘭塔有一所鑾具特色的芬蘭語和俄語併行的公立雙語學校，我一到走廊，立刻看到兩個漂亮的俄國和芬蘭風貌的娃娃海報，大幅的呈現在牆面上。住在芬蘭久了，對於緊靠東邊的俄國鄰居，也開始和多數芬蘭人一樣，帶著一種苦不堪言又錯綜複雜的歷史眼光看她。

這種普遍知俄、厭俄卻又視之為廣大經貿市場的多樣情愫，廣為散布在芬蘭各地。畢竟，過往幾百年的歷史糾葛，至今，仍是好幾個世代的共同記憶，而戰爭遺跡歷歷在目，也提醒著芬蘭人以疑慮的心情去面向東方。

來到了芬蘭東部的郡市，和許多的芬蘭男女老少晤面，很難三句之中不提到俄國。芬蘭男士有不少娶了俄國太太，當然也有不少俄裔移民搬到芬蘭工作、經商，因為距離兩國邊界實在太近了，各地隨處可見的資料、告示、簡介、報章都有俄語標示或俄文版本。

然而東部芬蘭人民也知道，今天拉彭蘭塔的工商業和市面上的商家等，不斷的蓬勃發展，就是因為俄國經濟迅速發展所帶來的大量俄國遊客和移民潮。

俄國的「熱錢」，的確為芬蘭東部帶來不同的經濟風貌與發展力量。但一提到俄國移民的生活與教育歷程，住在東部的芬蘭人卻說，前幾年，城裡所有商店貼出來的告示上，第一句話就是以俄文書寫著：「不可偷竊！」

移民教育，還得先從最基本的生活習慣，與遵法守紀的態度開始。

拉彭蘭塔的這所芬俄雙語學校，雖然歷史傳統比不上赫爾辛基的俄語學校，但它從幾年前設立時的乏人問津，到現在逐漸受到歡迎與重視，變化歷程實在非常快而劇烈；而它在東部伊瑪特拉和約恩蘇（Joenssu）兩個城市，都有分校。

這個由芬蘭政府全數負擔經費的學校，其實並非以招收移民子女就讀為主，而是招收任何對於俄語學習有興趣的，不論是芬蘭家庭還是有俄語背景的芬、俄聯姻子女都可以。

在拉彭蘭塔的兩天之中，我和每一所當地的中小學老師和校長們都會談到一件事，那就是關於「教授歷史課時，是否會碰到困難？」也就是說，芬蘭與蘇聯之間的兩次艱苦血戰：「冬戰」與「續戰」，畢竟在芬蘭和現在的俄羅斯，都是「各自表述」的。

這些學校的師長們笑笑的說：「當然會啊！可是，別忘了，他們和他們的子女現在是在芬蘭的領土內，要學的，就應該是芬蘭的觀點。」

孩子是張白紙，移民子女的父母們在母國所接受的歷史民族文化教育，或許會直接或間接影響著下一代；但是，俄國再大、再強，俄裔移民搬到了他國的領土，勢必將入境隨俗，尊重他國的法律、社會文化與教育思維。

而我十分確定的是，從未侵擾過他國，總是被他國大軍壓境的芬蘭，在教育俄國移民和他們子女時，會提供比較平實的觀點，來講述這一段生靈塗

東部芬、俄雙語學校牆上的大型芬、俄娃娃

炭、兵燹慘烈的歷史。至於書冊與閱讀角度上的差異，就讓學生們自己慢慢去比較學校和家裡的不同吧。

芬蘭東部所設立的芬、俄雙語學校，讓我看到芬蘭雖然一再擔憂其子弟普遍不願學習俄語，而造成日後俄語人才匱乏的另一線希望。另外也看到這學校雖然把瑞典語列為選修課，而引起學生學習心情上的某種反彈情緒，但卻也有超過九成的學生去選修，因為孩子們知道瑞典語在芬蘭社會的重要性。

芬蘭像這樣不同語言與芬蘭語合併學習的雙語學校，已實施多年了。我不禁想起一位赫爾辛基的市府官員向我說過：「我們把這些多元語言文化視為資產，而不是負擔。」

的確！赫爾辛基市政當局已經預計整個大都會區將成長為兩百萬人口，而其中當然包括了歐盟與全球化後，人才的吸引與因為工作就業等遷移來到芬蘭的人士與家庭。要如何使得這座城市更邁向國際化與多元生活化，這些目前看起來還不算是問題的移民教育細節，已經逐年納入市政府規劃與政策綱領之中；這樣才能使外籍移民長期、正面的融入社會。

任何一位「芬蘭之子」，都享有充分的公平受教權，這正是政府進行長期建設計畫時，必須歸納其中的義務。

在拉彭蘭塔的晚餐，我邀請了市府的社福人士，正巧遇見一群到此地參加移民議題研討會的芬蘭各地官員，其中一位來自中央社會事務與衛生處的女士說：「移民教育，我們做得還不夠好。」

「是嗎？可是，我看妳們在基礎教育上，已經投注了許多的資源與實際的輔導。」我有點意外的說。

「是啊，可是，移民教育，最好從幼兒教育開始。」她語重心長的回答。

「小學再開始，為時已晚。」她接著又說。

她的這一句話，點醒了我。

移民和他們第二代以後教育的深耕，必須從愈小開始愈好，好讓整個家庭與孩子們，都能有系統、按部就班的充分融入整個社會之中。

畢竟芬蘭在面對外籍移民的族群融合與長期教育的議題，比起隔壁的瑞典，在經驗和施政資歷上，都算是比較年輕的。還有許多仍待改善的心態、法律、施政與實際教育輔導，也好像必須更為積極才是。

在離開拉彭蘭塔市的當天，在火車站又遇見這位官員。

「會議開得如何？有新的議題嗎？」我問她。

「一切都還是老問題，只是，我們知道以後要做得更好、更完善。」她笑著回答說。

我倆相視而笑，一切盡在不言中。

我看了看已經如雪城般的市街與車站，和她揮手道別後各自前往不同月台等火車。心裡不停浮現出一幅幅影像，其中是索馬利亞難民、俄國移民、俄國新娘、菲籍族群、波蘭和東歐來工作的族裔、中國學生與工作移居者、被領養的東方與非洲小孩等等。

其實相較之下，我們的族裔組成，似乎單純多了。但是，隨著時代的變遷，外籍人士與跨國婚姻所繁衍出來的新生一代，會逐漸占上一定百分比。

新世代、新族群融合的國家未來主人翁，我不禁也期許他們的未來，能有一種生活化、人性化、正面而積極的移民教育，協助他們一起成為「台灣之子」。

冬季的足球場

妳說，芬蘭教育為什麼成功？

在芬蘭東部期間，派特里（Petri）校長問我：「妳認為芬蘭教育為什麼會成功？」一時三刻間，我尚未有機會說上話。

他就接著說：「因為，我們總是嚴肅認真的看待學校！」

我嘴角不禁微微的向上揚起，開心的看著繼續說話的派特里。

想不到他自問自答個不停：「我們學生來學校的目的，就是上課，不會去搞那些有的、沒有的活動和計劃！不像許多歐洲國家，我覺得他們學生在學校期間的外務，實在太多了！」

我真的完全能理解他的不滿，畢竟在這一個國家住上六年，對於芬蘭民族性與基本思維，不僅略知一二，也能在互動訪談之中，獲得更深入的瞭解。雖然這聽起來是派特里校長個人的看法，但卻真實的展現了芬蘭人的特質，也就是行事風格講求「務實、務本」。

許多芬蘭人總覺得和瑞典人一起開會時，瑞典人的話太多，會議一開再開，不像芬蘭人，規劃清楚說好了，分頭去做就對了。這個看法和印象，在許多企業界、教育界或政府官員朋友們說明芬蘭與瑞典兩個民族，在個性與做事風格的分野時，最容易脫口而出的講法之一。

芬蘭學生在校時間不長，比起歐洲及世界各國的孩子們，真算是夠少的。但學習與課程教導的效率十足，芬蘭學校是有課來上、沒課走人，既沒有升、降旗典禮和師長集合訓話，也沒有一堆課間有的沒的要師生集體配合的校方活動，大家課上完了就回家去。

孩子們多半各自去上一些培養興趣與嗜好的運動、音樂、藝術課，尋找自己往後大半生的生活樂趣與終身喜好。他們從來不知道待在學校那麼久要做什麼？芬蘭的模式，簡潔清楚、直接了當，非常具有個人主義，但卻又互相瞭解認同。

而這種教學方式，好還是不好？如何評估？端視你我是以何種角度來看了。

在拉彭蘭塔學校訪談的茶點時間，我和校長閒聊，談著我對於芬蘭的種種觀感和想法。當然，他也不免俗的問了我有關海峽兩岸的關係。

談著談著，他有感而發的說：「妳知道嗎？芬蘭是唯一一個在二次大戰沒有被蘇聯占領過的國家。」我猛點頭，表示瞭解這段歷史。

他接著說：「妳想想看，那些當時無法全力對抗蘇聯卻不幸被占領過的國家，今天的生活與教育水平落差，和其他歐洲地區比起來有多大啊？一個被俄國統治過的地方，要再復興起來需要花上多少的時間與精力啊！」

每回我和芬蘭朋友們談話，或是到芬蘭各地訪談時，最讓我愉悅歡喜的是能夠適度的導引著談話的主題發展，讓受訪者真心的談到心坎裡最深層的想法與感受。我很喜歡那份內心真誠的探索，即便那是比較個人的看法，但是，只要遇上說到激動處與表達內心深處的真情流露，我就不禁為之動容。

我腦海中當時還在思索、咀嚼之時，校長停不下來的又說：「妳想想看，為什麼我們沒有被占領？」

這個原因，我當然略有所知，讀過不少資料、聽過不少故事，但是現在是從一位在東邊土生土長的道地芬蘭人口中談起，聽來的滋味就是不同。

他慎重的說：「因為，我們全體一心一意，就是要團結對抗蘇俄，我們真是吃了秤陀鐵了心，知道我們非打贏這場戰爭不可，我們必須為芬蘭的生存而戰。」

對，芬蘭人憑什麼以寡敵眾，還力抗極占優勢的蘇聯軍隊而未曾被擊潰，除了長達一千多公里的邊界，與冬季嚴寒冰天雪地的地理環境，就是靠著毅力、耐心和堅持。沒有二次大戰中的四年苦撐，就不會有今天世界好多項評比都屬一屬二的芬蘭，也不會有今天能對大量移入的俄裔移民，提出不一樣歷史紀錄與觀點的芬蘭教育。

一個人的過往經歷與其今日的成就息息相關，無法切割、關聯甚深。芬蘭在二次世界大戰力抗蘇聯而未真正戰敗，充分展現出芬蘭人堅毅的深層內在精神。而那種吃得了苦的芬蘭「Sisu」精神與價值，一直在各個社會層面之中，被持續的呈現出來。不論是注重平等的教育，與強調平權的社會價值，都讓人看到因為專注、簡明、認真，而引申出來的堅持。

說真的，當我聽到他們很嚴肅的對待上學與學校這件事，我一點也不訝異，那種典型的芬蘭式思維：「我認真做完就好，不浪費時間在多說無益之事！」，似乎也發生在芬蘭聞名於世的一級方程式F1賽車手「冰人」萊科能（Kimi Räikkönen）的身上。

他頂著車神舒馬克「傳人」的頭銜，駕駛著法拉利賽車贏得二〇〇七年世界大賽總冠軍；他最出名的就是一賽完常常轉身走人，因為他要去看冰上曲棍球的芬蘭隊比賽。

這就是芬蘭人的精神，做完了，做好了，就該去做別的事了。

爲了教育，回到芬蘭

東部參訪期間，我和一所學校的美籍老師珍（Jane）談天，她是這所學校雙語部的英語教師，我們倆就在教師休息室聊得煞是起勁。

珍曾在莫斯科、東京等大城市的國際學校裡教過書，並曾經擔任紐約一所中小學綜合學校的校長。我和她談起話來真是一見如故，因為不僅她說的各項歐美或芬蘭的教育問題，我瞭然於胸；而我講的各類亞洲與芬蘭教育現象，她也心知肚明。

她講述了美、芬教育與學校間的差異，以及美國學校在各個社區裡所扮演著重要的角色，之後她提到了芬蘭學校、家長、老師、學生等各方之間的互動關係，似乎總是缺了點什麼？

「這不是很芬蘭嗎？個人式思維與獨來獨往！」我開懷的笑說。

「就是啊！要是我身在紐約，我和家長、同事之間的互動，將會截然不同。」她說。

我猛點頭稱是，並深知美、芬教育的不同之處，在女兒們從赫爾辛基國際學校（偏美式系統）轉到芬蘭體系之後，光是看學生家長間彼此的互動偏「冷」，以及兩種學校所舉辦活動時候的活躍性與生氣蓬勃的明顯高低不同，很容易就從中窺探、嗅聞出兩種文化之間的背景差異。

不過我也對珍說，家長的參與必須要適度，過與不及都不對；家長的過度干預或是站在教室門外張大眼睛瞪著老師的教學，像是糾察隊一般的監督，或者老師過於迎合家長和學校的要求等等，最後都會讓校方、學生、家長、老師們精疲力盡。

珍語重心長的答了一句：「的確如此。」接著繼續談起了自己以前在美國東部學校當校長時，各種校務、教學與因應家長的經驗。

芬蘭家長多多參與學校間的互動，還是這幾十年來才開始的新氣象。珍說：「妳相信嗎？我先生說我公公在他上小學七歲時，第一次送他到校門口，然後就再也沒去過學校了。」

當然，美式活躍的學校義工媽媽，在芬蘭的系統中並不多見，這裡多數的父母忙著工作，擔負著國家沉重的納稅義務。家長出席參與的，多半是家長會的組織，以及學校舉行的特殊節慶和募款活動。課堂上的參與，則因為某些課程單元內容的需要，家長應老師的邀請分別到課堂和學生分享其職業特質、文化背景與工作經驗，如此而已。至於其他與課程有關的大小事，在芬蘭，就交給校長、教務專業人員和老師了。

珍與芬蘭先生住在紐約時懷了第二胎後，就已經開始計畫回到芬蘭東部來定居。她告訴我說：「我在紐約工作，收入是這裡的三倍，但是扣了州政府的稅、聯邦稅和市政府稅收之後再去養育三個孩子，所剩下的薪資，只能拿來付帳單囉。」

生了三個孩子的珍繼續說著：「芬蘭這裡的稅負雖然很高，繳稅之後所剩的或許也和美國差不多，但這些錢卻能花在其他享用的事務上，而且一家五口的家庭開支、醫療、教育與生活經費等等，都不需要擔心了，這才是最重要的。」

我喜歡她的真情分享！

有了孩子的生活負擔考量，本就不是獨身貴族或是頂客族所能理解的繁雜，而扣了稅之後可以支用的所得多寡，就成為最需要實際考量的。

珍懇切的以清朗語氣說：「芬蘭東部，有著充沛的森林、湖泊與大自然，對於有家、有孩子的我，這裡才是真正的生活。」

我開玩笑問著：「當時在紐約，一家五口生活費與房價既然都不便宜，那怎麼不搬到其他州呢？」

她大笑：「我是標準的紐約客，美國除了紐約，哪兒也住不慣啊！」

我訝異的說：「小姐啊，可是妳現在卻能為了孩子，和芬蘭先生回來這個人口不到六萬人的小城耶！」

她繼續笑著，還一邊俏皮的挑釁我說：「是啊！這裡的物價，比赫爾辛基便宜耶，像我，就實在無法住在那個哪能稱為大都會的赫爾辛基！」

我知道，住過紐約大都會的人，赫爾辛基對他們來說，不過是個鎮！

但是她又說了：「偶爾，我心血來潮，還是會坐個兩三小時的火車，去妳們赫爾辛基那兒壓壓馬路，喝杯下午茶！」

珍和她先生，不是我所認識唯一一個為了孩子教育與成長，選擇從國外打道回府的芬、外籍婚姻家庭，光是赫爾辛基，就有美芬、英芬、加芬、法芬、芬希、芬土、芬日等等不同跨國組合。

我另外還知道，也有好多已經離異的外籍婚姻，在雙方離婚之後，竟還是選擇住在芬蘭，除了這國家能提供孩子良好又免費的教育，以及整體社會環境的安全感與穩定性外，隨處可親近的大自然，就是給孩子成長最好的禮物。

美麗的雪城

二〇〇八年一月，我坐了兩個半小時火車來到拉彭蘭塔。

去之前，謙和客氣的國中校長一直說要來車站接我；我本來想自己坐計程車去訪談就好，但他說自己的學校距離火車站開車只要五分鐘，所以先來接了我再到學校，實在非常順路。

每回到中小型城鎮訪談，總是遇上許多親切的協助。畢竟，大城市與中小城鎮的生活節奏，總是有些差距；大城市裡的學校或是市府官員、中央單位，每天光是應付川流不息的訪客，和層出不窮的狀況，通常就忙得不可開交了，要抽出餘暇多提供一點協助給一位外來訪客的機會很小。

雖說拉彭蘭塔是個中小型城市，我的訪談之行，卻也足足接洽了兩個月，這正好因為碰上了芬蘭慶祝獨立九十週年，以及接續的聖誕與新年假期；所以拉彭蘭塔好幾所學校的接洽人員們，一直到隔年一月，才比較能挪出時間來和我碰面。

在拉彭蘭塔那兩天，正好下著大雪，好似每次我出訪，不管是在拉普蘭、土庫，天氣總是異常的「好」，這種「好」就是會讓人在日照不足的日子裡，因為白雪映照出的亮光，而感到心情舒坦。

厚實的雪愈下愈大，我心底卻是滿懷欣喜，這要是在我剛來芬蘭定居的頭兩年，我必然欲哭無淚，覺得冬日如此漫長，何時才會終了?!

然而，在北國住上了五年多之後，我卻是打從心底真情的讚歎一聲：

「下雪了，真美！」

接近六年的北國生活，讓我逐漸對白雪產生一種愛與憐，不僅感念它的純美，也為它帶給大地景色覆蓋上一片白皚皚的厚毯，而歡喜開懷。拿起相機猛按快門，為自己，也為北國記下一段又一段美好的冬景。

不過，這連續兩年之間全球氣候持續暖化，讓我好幾回從外地回到赫爾辛基時，看到原本可以駐留多日的白雪，已紛紛融盡，不禁對於身為北國首府卻未能在冬日披掛厚雪的赫爾辛基，多了些許失望。

在快離開東部時和派特里校長說，昨晚在零下氣溫、飄著細微的風雪中，我和市政府的老人社福部主任梅雅（Merja）在整個城市步行了一個半小時之久，邊走邊聊、邊走邊拍攝，真是一場道地的黑夜雪城之旅。

「被冰雪覆蓋的整座塞瑪湖（Lake Saimaa），以及白雪掩映下的拉彭蘭塔市區，真美！」我和滿臉好奇的派特里說。

「在這樣的漫漫黑夜，和這麼糟的天候下，妳居然說它美？」聽到這裡，校長皺起了眉頭看看我，有點不可置信的嘆口氣說。

「是啊！真漂亮！」但我就是很篤定的回答說。

或許，我雖然是在芬蘭長期居住了快六年，但就整個人生數十年寒暑的旅程來說，北國仍只是其中的一座驛站。有時，覺得自己仍像個遊子過客，但有時，自己卻又宛如本地居民，百般體會在地生活。

看來，我總是在安定與搬遷之間擺渡穿梭來去，就像我在每一個住過國家的感受，多半當我適度融入當地社會人文與生活之際，卻總是我要準備起身離開之時。

我說這片雪城很美，是因為終有一天，我將遠離北國，再度開啟另一段人生旅程。因此，芬蘭所有的花草樹木、自然山水、嚴冬與春夏的天候變化，以及我訪視過的每一張臉龐和話語，在我心底，都是最為珍貴的瑰寶。

拉彭蘭塔市薩瑪湖冬季冰封的夜景

夏日赫爾辛基的芬蘭灣美麗海景與小島

歐洲歌唱大賽，賣芬蘭國旗的男子

Chapter 5

教育的未來式

自重自愛的芬蘭人

芬蘭人踏實、自尊心強，卻總習慣要自我挑剔。

在與芬蘭教育部國際處處長的談話中，有句話令我印象深刻；她說，要讓芬蘭人滿意，是很大的挑戰！不知道這是不是芬蘭民族天生的性格，還是從小養成的自我評判、自我管理習慣，好像芬蘭人就沒有丹麥人來得樂天、開朗。

丹麥朋友忍不住告訴我，芬蘭人長久以來，大概受到俄國太多的壓迫與陰影籠罩，許多的事物，總是不直接的說出感受來。於是，當一般人初次來到芬蘭，試著詢問芬蘭人某些問題，所獲得的答覆或許會大失所望，與先前所思所想的多少有一大段差距。但是，來者總是客，芬蘭人可以大大唱衰自己，但卻不樂見別人不明就理的批判他們。

這個國家和人民，實在夠勞心勞力了！一直到今天還在笑罵自己笨拙、老實的將二次大戰之後所有被要求賠償給蘇聯的戰債，在七年之內全數清償，這大概是全世界極少數辦到的戰敗國。但是，淒苦、艱辛的以工業物資抵償債務的過程，卻也無形中開啟了芬蘭產品在俄國的市場！苦不堪言的過往，連北歐鄰居挪威都會半開玩笑的說，芬蘭人總在製造償債品時，為自己留個備份，所以連衛生紙都習慣做兩層。

他們對於任何外人的耳語批評，頗為介意，但卻又對自己的生存發展歷程謹記在心，深知輕重緩急、自尊自愛。

這些年間，芬蘭教育、清廉、國家競爭力等在全球各項評比成績實在優異，因而倍受世界矚目。這讓芬蘭人多少增添了些許自信，也讓他們猶如大夢初醒般，仍在適應來自四方的愛慕及讚賞的目光。

但這個國家與民族，一直以來，從來不會以「芬蘭人終於站起來了！」作為建立或鼓吹自信的訴求，乃至於動輒以國際評比成就為傲、走路膨風。相反的，我們卻經常聽到芬蘭人說著還要不斷的反芻與探究，對自己的教育現況存有著許多質疑、詰問、缺乏自信的辯駁與批判。畢竟，她今日的成就，不論是清廉、教育、科技、競爭力等等，一切其實都緣自芬蘭人幾百年來，要如何在惡劣天候環境，與國際處境裡「求生存」的基本務實理念。

二〇〇七年九月，英國《金

約瓦斯曲萊大學校園一景

融時報》（Financial Times）出版了對芬蘭國力評估的特刊，好幾大張的分析報導和專題，讓熱愛閱讀、喜歡接觸各樣國際事務知識的芬蘭人，看得過癮！

當天的金融時報在芬蘭一掃而空、一報難求。因為，芬蘭人和我們相同，能登上世界版面，嘴角不免輕輕揚起，心中多了一份雀躍之喜，迫不及待的想一窺究竟。只是，不少人看完之後，總又免不了抱怨三聲，認為專題中對芬蘭的期許和評價，還蠻苛刻的！

先生的芬蘭同事達茹（Taru）就憤憤不平的說：「寫得不夠公平！」

當我在約瓦斯曲萊大學訪談時，沙羅李（Liisa Salo-Lee）教授說：「這樣的報導，實在讓不少芬蘭人感到沮喪。」

然而，我仔仔細細的讀完全部專題之後，並未覺得有特別不妥的苛評，反而看到很多的讚許。

或許對於一位潔身自愛的孩子，別人少許出於善意的批評，聽在耳裡有時就不免嫌多了，因為，芬蘭人覺得自己已經亦步亦趨的在調整，何必在此時再施以責備呢？

芬蘭人心底必定覺得，自己蠻認真的，認真的求生存、過生活、辦教育，也深知問題在哪裡！我想，對於這樣的民族，的確需要給她更多鼓舞的掌聲。

未來教師需要的能力

拜訪拉普蘭大學教育系的附屬實驗學校時，親切的女校長瓦菈能（Eija Valanne）博士替我做了簡介，我除了盡力瞭解這個系所的師資培育方式之外，也跟她們談起約瓦斯曲萊大學教育系招收學生方式的最新創舉改革法：「心理測驗」。

安妮講師笑著說：「約瓦斯曲萊大學，總是最具創新的能力。」

接著她們又說：「我們一直以來，就和多數的大學教育學系一樣，有三項考核關卡，其中有兩種面試；一對一，以及群組活動的面試。通常就足以從學生應答進退的反應與分組合作的表現情形，做為關鍵性的參考與佐證，進而評測出這位學生能不能被教導成為適任的老師。」

今天的芬蘭，要成為一位合格、有潛力的教育系學生，來自赫爾辛基大學的梅里（Matti Meri）教授和杜恩（Auli Toom）博士，在兩場不同時間舉辦的教育國際研討會中，都分別提出相同的觀點。他們認為教育系的學生必須擁有可以被教導的潛能（Educability）、合適的人格特質（Personality）和學習動力（Motivation）等的綜合條件。

芬蘭教育界普遍認為，這些才是真正成為未來教師的條件，從赫爾辛基、土庫、拉普蘭到約瓦斯曲萊等大學的教育系教授、講師、研究員，都有如此的共識，認為一位適合此項工作領域的學生，比任何一位高中成績滿分的畢業生，都來得更為重要。

這間位於芬蘭中部、距離首都赫爾辛基近三百公里遠的大學城約瓦斯曲萊，本身的歷史不僅相當悠久，更是影響和型塑芬蘭教育、芬蘭語體系學校發展，以及芬蘭教師培訓傳統的搖籃。她不僅是芬蘭第一所師範學院改制而成，更是第一座擁有芬蘭語文教師培育體系的學校，並且她也同時具有教育思維的傳承，和研發改革教學理念等先進思潮。

這樣新、舊交融的學府，到底是革新的浪頭，還是守舊的城堡呢？

拉普蘭大學教育系附屬實小的實習學生老師

我在約瓦斯曲萊大學校園裡，和教育學院的師資教育系所副所長克斯提艾能（Emma Kostiainen）博士和系所的海諾瓦拉（Elisa Heimovaara）女士談了許多。我問的重點之一，是他們如何選取教育系的新生？這兩位芬蘭教育界的人士先笑了一陣，接著反問說，妳要知道的是我們的新制？還是舊制啊？於是她們七嘴八舌的說道：「根據我們以往的經驗，與這幾年的研究報告顯示，最優秀的學生通常不見得會是最好的老師！因此，芬蘭在二〇〇七年便開始了一項全面的教師招考和培育改造計畫。」

我眼睛一亮，就這麼與她們打開了話匣子，談了將近三個小時還欲罷不能。我真沒想到，芬蘭這顆全球教育界心目中大又圓的「月亮」，還要進行大規模的改造啊？

她們談到，芬蘭基礎教育的師資，從一九八〇年代開始，就已經實施中小學教師必須擁有碩士學位的體制，而每年光是申請想進大學教育系的學生，就多如過江之鯽，錄取率也因為從嚴審核以及教育系所的招生名額限制，而已經相當的低。

在這麼嚴格的審核下，顯然她們認為這樣還不夠「好」。她們認為整個芬蘭所需要的教育系學生，是足以被訓練與教導成為芬蘭未來三、四十年的老師。她們所需要的不是只會念書、考試，但卻不問世事、不知與人相處的乖學生或成績好的學生，而是有思想、有能力、有見解、有自信、有互動力、有包容力，而且還必須是可以再塑造的孩子。

芬蘭舊式的教育體系招生法，是依照高中畢業會考的成績，若已經有工作經驗、服完兵役、空中大學、實習特助等考生會加分，所以後者考進教師培育體系的學生年齡普遍較高。但前者能考上的學生，也就是所謂的應屆高中畢業生，大約佔了三成（舊制），他們往往都是成績最頂尖的學生，也就是高中會考成績分數最高的一群。

接著各大學教育學系會對考生進行面試，以約瓦斯曲萊大學而言，教育系從大約一千五百位申請者中，先遴選出三百位進行面試，最後再選取約九十位左右的新生，平均錄取率約為百分之六點四。

但是，舊有招考制度即便已有面試機制，而十幾年來教育系統培養出來的老師，已經讓芬蘭教育成為全球的標竿之一，卻還是讓芬蘭教育學界和學者大為感嘆，竟然無法找到更多「最適合」當老師的學生！她們發現，某些申請教育學系的考生，除了高中在校成績不錯之外，也會在面試的時候，比較容易運用技巧性的應答，而通過甄試。卻發現許多真正適合當老師的高中畢業生，可能多半在第一輪甄試時，就因為畢業會考成績不夠高，而早早就被原本想用來找到好老師的制度，給先刷下來。

因此，在目前芬蘭教育體系認為最重要的，就是先要找到真正具有「好老師」特質的學生。再來，教師培養和招考教育系所學生的方法，必須徹底翻新，而翻新之道，卻又必須是極為科學、理性，同時注重「人性」思維。

教育系學生的全新評選法

長久以來，許多適合當老師的人材，卻往往連進教育學院第一關面試的機會都沒有！一些只會考試拿高分，以及懂得面試技巧的學生，反而進了教師培育體系，更在日後成為不適任的老師。

我在和約瓦斯曲萊大學的副所長她們熱切談論之中，相互交換了好多想法與論述，言談中我不時的點頭贊成，想到連芬蘭這座最資深、古老的師資培訓搖籃學府，都能展現如此先進的教育改革思潮，而且還推動全國一起進行，讓我深深佩服！且她們一再強調，從二〇〇八學年度開始，不再看任何會考的成績了！要考核的是這群未來老師的理解力、包容心和潛能。

她們提到了，那些高中時期考試分數高、學業優異的孩子，多半唸書成績一向很好，但在校期間通常不見得能瞭解書念不好時的困窘。所以當了老師以後，也不見得對學習能力和成績較為落後的學生們，能給予更多的同情、包容，以同理心循循善誘或是期盼這些老師能真正發揮「有教無類」的精神。

於是根據多年與多方的研究與觀察，以及為了因應未來世界潮流、尋找更合適成為老師的學生，芬蘭最新擬訂出來的政策，是全國所有教育學系招生，一改過去沿用的方式，而鼓勵更多成績中等的學生、更多男性（芬蘭女生普遍比男生會考試）都能參加教育系所的初選，而不要先以高中畢業會考成績高低，來加以評斷。而在教育系所的招生，改成先舉行一項聯合會考。這項會考的目的是瞭解學生的理解能力與思想觀念，且考試的內容會先行在網站上公布，比如，會列出幾本書名或是好幾篇文章，請考生大家先自行去讀，再來參加考試。

考試內容當然不是問一些是非、選擇、年代、人名、事蹟等等無關緊要的細節問題，而是經由心理和性向學家設計過，能測出跨科界常識，以及教育與人際關係潛能的申述性題型。而這對比較會背書答題，或只知道考好試的乖乖牌學生，或是性格中不一定適合長期投身教育工作的，就不見得通得過這項測試。

所以，不考量高中畢業生的會考成績，而是以整合式測試方法，先評估學生是否具有廣泛閱讀與常識的能力，而且能夠具體表達自我觀點和思想成熟度，這就是芬蘭全國教育系招生的新方法。

不過以約瓦斯曲萊大學來說，第一試畢竟只是基本功，通過的學生就得進入第二關：心理測驗（Psychology Test）。

在心理測驗中，會測試一個教育系學生的心理素質是否合適接受培育？此位學生的人格，能否勝任未來教學需求，以及在學校能否解決各項學生學習和學生群體中各項人際衝突與融合問題等，都需要先在這批未來教師們進入教育系所之前，很實際的被測量出來。

這項新制會不會太創新、太革命化了一點？好像有一些。但芬蘭目前已悄悄的全面推行，但就像所有的世代轉換一般，有不少保守派還是有著不同的質疑、反對聲浪。不過，這兩位教育系所的專家，提起二〇〇七年十一月初所發生的高中校園槍擊案，不禁唏噓感嘆了起來。她們說，在前幾年，芬蘭教育體系就已經醒覺現在的師資情況，不足以因應快速變化的青少年文化。

在舊有教育體制培養出來的老師，有時候並不清楚如何面對新生代在學習、心理、交友和同儕團體壓力的問題，更不知該以何種方式去化解、疏導，進而找到可行的紓解之道。這場令全國傷慟不已、錯愕不解的血案，反而更堅定了芬蘭教育學者「走對的路」的改革信念。

她們又強調，以約瓦斯曲萊大學教育系來說，新體制招生第一試之後所舉行的心理測驗，還會加上面試，這讓高中在校成績或第一試結果再優秀的學生，只要「心理測驗」不通過，就不會被系上錄取。而任何說出自小就認為將來志向非要當老師不可的孩子，其實也讓教育系所師長們很害怕，因為這些學生已經在心中築了一道牆，把自己和現實生活框架分成裡外兩個世界，這樣反而容易被日後教學環境中的各項實際狀況和問題所打敗。

她們說：「經過多年來研究觀察，和實際測量所得的結果，我們認為教育系所最需要的，是可以塑造的學生。未來，芬蘭是要能處理各類『衝突』的老師，有同理心、能和他人合作分享、會面對與處理危機、以孩子為中心、協助創造輔導不同學習能力等的學生。」

隨後，我又問，今年招進來的第一批新制學生，在系上就讀的情況如何？她們想了想，回答說，這批新生似乎比較符合「未來教師」的塑造培育，不過，這還需要觀察。

我看見篤實的態度，在她們的臉容間浮現……

赫爾辛基市鳥瞰

要平等？還是菁英？

總有人認為，芬蘭教育有一項弱點，就在於它不強調、不突顯要造就頂尖的「菁英」；反而一直以眾生平等受教的觀念，推動在資質不盡相等的學生之中，盡量讓大多數的學生享有師長相同品質的授課。而這點在芬蘭教育的全球評比成績上，顯現得極為鮮明。

芬蘭學生不見得在單一科目的測試裡，是最為傑出的，但他們卻是綜合評量結果中，受測成績最平均，上課時數也是最少的。原因在於，多數的老師會平實的盡力去帶好大多數的學生，而不會逼著少數學生去衝高單一科目的成績。

我在各地的訪談中，經常會聽到行政、教育研究單位的專業教授、學者、教師、校長、人員、官員們再三的強調：

「我們不需要創造出一個無法融入社會的天才，我們要的是能與大家相處的人才。」

「我們不會一直去突顯或強調優秀的孩子，因為，孩子的心底，或多或少都心知肚明。」

「競爭，會帶來什麼好處？妳可以證明給我看，過度競爭的優點在哪裡？其結果又是什麼？」

「資優聰明固然好，但是只有一味的追求智力，卻缺乏與朋友、同儕互動能力的孩子，其實是失敗的教育。」

「每個人都有其價值。」

「聰明的孩子，可以選擇跳級，可是，他的社會適應能力準備好了嗎？他的情緒管理能力，夠成熟了嗎？」

「只有智力領先，但卻不夠全方位成長，那是不對的。」

這些論述，好與不好，見仁見智。但是這種對於人的尊重與照顧精神，的確很北歐，很斯堪地那維亞。

雖然芬蘭在地理上，嚴格算來，不歸屬於斯堪地那維亞半島，但北歐五國之間相互提攜、影響所帶來的良性循環，卻也在這五國中各自開花結果，產生幾乎理念一致的制度、模式與實踐。

在芬蘭，這麼一個小眾人口的社會，實在無法承受得起超過百分之十五處於學習劣勢的新生代人民，所以教育學界、官員與研究機構一再強調，即便是全國中學生中只有兩三百人的落差，他們都無法承受。

整個社會花下鉅額心力在教育上，為的就是對於學習能力與環境弱勢者的悉心照顧，所求的無非是把我們可能視為「後段班」學生的人數比例降到最低，以消弭這些在學校的弱勢者，變成日後社會上的潛在問題與犯罪製造者，屆時整個國家就得付出更大的成本去拼治安了。

但讓我好奇的是，如果不強調「菁英」式教學，資質優秀或甚至課業成績突出的學生，要如何出頭？這項課題，在芬蘭當然會有人操心，但是國家提供基礎教育的義務，是為最廣大的人民提供「平等」而優質的教育資源。而擁有特殊才能與興趣的孩子，普遍可以從國中起，選擇以數學、運動、藝術、音樂等額外加重的學校去就讀。

雖然芬蘭社會與家長，心目中還是知道哪些是所謂「明星級」的高中，但那是一種個別選擇，不是唯一的絕對方法。整體社會風氣，不強調，也不會極度的以此做為引領風潮的議題。在教育體系不帶頭、不鼓動、不排名，希望落實相對的「平等」，以此為教育施政最基本的考量。畢竟，天才與菁英是真正的少數。

一直在北國住了第六年之際，我才能深刻體認到芬蘭人認為教育體系放棄學習落後的孩子，是一件多麼令人難過、不人道的事情。

赫爾辛基市府教育局的比雅說：「每一個孩子，一定有性格與能力上可取之處，如果數學不好、理化不行，不代表必然沒有其他學習優點。如果音樂不強、美術不行，那他可能擅長運動。」

這些談話的所有結論都導向於，人一定會有一種強項吧！

陽光灣學校的中學生

我驚訝想到，從小耳熟能詳，甚至倒背如流，用來安慰別人，也安慰自己的話，譬如「天生我才必有用」、「有教無類」、「適才適所」，竟在偏遠極地的北國芬蘭裡，這幾十年來，不斷的被落實。且他們一再強調，教育就是應該幫助孩子們找出自己優勢，而不是要他們全部往一個模子裡去套，套不好的就被迫放棄，就被視為「後段」。

從一九九四年到二〇〇四年間的教育改革過程中，芬蘭中學生的藝術、音樂、體育等課程減少了兩、三堂，多了一堂的數學和兩堂語言課。許多第一線的教育工作者並不認同，認為這樣會抹煞不擅於某些學科孩子的學習成長機會，更可能造成學習上的不平等，這股質疑反對的聲浪，將會再促使下一階段的全國核心教育綱領進一步做修正，畢竟，教育的改革與變遷是要跟隨著社會與環境變化需求，而永無止境的推動下去。

果不其然，二〇一六年新發表的最新課綱中，藝術、音樂、體育等課程比上次二〇〇四年的總課綱中多了三堂，歷史社會課也增加了兩堂，但為維持相同的授課時數，宗教或倫理課因此少了一堂，自選課也減了三堂，不過也增添了更多具彈性的藝術與專有技術規劃課程。

教育，芬蘭的新品牌

來到北歐之後，最感驚奇的不外乎是這些國土面積不小、人口數不多，但在總體成績表現卻非常亮麗。雖然在還沒來北歐之前，就多少聽聞西方國家對於她們的進步讚不絕口，但來了以後，才真正逐年之間，領會出人們口裡所稱的「進步」在何處。

北歐的進步，不是亞洲人習以為常的街道上車水馬龍、櫛比鱗次的高樓大廈、萬頭攢動的股匯市、一攤接一攤的精美餐宴，以及奪目耀眼的購物中心。

北歐的進步，其實是在其「思想」上的先進、在其努力落實的真平等、在其善待人民，不論是貧、是富、是貴、是賤。這項「人人生而平等」的價值觀，才是讓我年復一年不斷咀嚼其人文社會深層意涵，並從而對北歐國家另眼相看之處。

時時在想，如果來個乾坤大挪移，如果當初來了這片地區的不是這些北歐人，而是亞洲族裔，那是否也能因著冬季的酷寒、環境的艱辛，而和現今的北歐人一樣的務實、踏實、將每個孩子視為人生瑰寶、將每位人民視為國家資產？

北歐五國的人口數加總起來，不過兩千五百多萬人，幾乎和台灣差不多，但其總領土面積，如果不包括丹麥領地格陵蘭的話，大約一百三十二萬平方公里，幾乎是我們的三十七倍大。但，這五國已經大致能做到城鄉真無差距、教育無不平等、建設直通北極圈最深遠之處。

這些嚴冬與黑夜漫長、生活環境頗為艱辛的國家，我豈能不對她們的公民社會與國家教育、福利機制發展程度，誠心的豎起大姆指讚許呢？

有一回，我和赫爾辛基市府的國際連絡官員餐敘，我說：「我對於芬蘭基本上的城鄉無差距，十分動容。」

這位年輕的官員說：「你們的國土是我們的十分之一，我想，你們應該也是如此吧。」我笑著一時說不上話，是啊，我想我們也一直在朝著縮減差距，繼續努力……

我一直以為，所有的事情總是比較級，將自己放在合適的位置去相較才有意義。世界上許多先進國家的人口數或領土面積，都不大，有些還比我們小得多。而只要鄰近國家的人口多，那是市場與發展腹地，就如同芬蘭的「右舍」俄羅斯，光是一個聖彼得堡就有和芬蘭全國總人口差不多的五、六百萬人。

很為芬蘭慶幸的是，她們沒有因為鄰國的強大，而忘卻發展自己小而美的特色，走著穩健的自我發展之路。要不然，今日這扇美好的經貿投資機會之窗，必然難以開啟。

如果永遠只是沒自信心的，緊緊追隨著一個又一個「巨人」的身影而走，那絕對難以走出自己的一片天！因為跟得再緊，別人永遠當你是小弟，無法成為站上檯面的一哥。我在瑞典與芬蘭之間，看到了這個明顯的發展心態變化。

在一場芬蘭全國教委會為日本教育學者所舉辦有關芬蘭教育的研討會中，看著日本教育界的教師、校長、研究學者們，他們來自幼稚教育、中小學，乃至大學系所都有，各個爭相埋頭勤做筆記，努力聆聽著一場接一場演說與研討，我打從心裡欽佩他們的學習精神。

我不時的看著他們，想到一批又一批前來芬蘭取經「教育」的日本教育人士，這場景，令人恍如隔世。想著芬蘭以人為本的教育理念，能在一代接一代的努力中，獲得全球教育評比一再的肯定。

我不禁做了個不小的夢。如果我們能擺脫所有的框架與舊思維，我們的孩子應該會是亞洲社會中，最有潛力與機會成為獨立自主、多元文化與民主人權的未來主人翁！我們不僅東、西方思想兼容並蓄，藉由靈活具彈性的教育體制，良性循環的型塑出最具有整體競爭力的新生代，而且如果這場國際教育研討會的場景，換成是我們主辦，而爭相前來學習的是左鄰右舍的老大哥們，以及全球各地的國家，那該有多美好啊！

我腦海中浮現出這樣的畫面，很不專心的做了這麼一個白日

芬蘭首都新建的「赫爾辛基頌歌中央圖書館」(Helsinki Central Library Oodi)，於二〇一八年底啟用。

夢！但是，我想的果真只是一個夢嗎？果真只能當成一個夢，來想我們未來世世代代的教育嗎？

我萬萬沒有想到，一個沒有石油、沒有廉價勞工、沒有豐富天然物資、沒有眾所矚目的汽車工業等等的北疆極地小國，竟能把「教育」變成一種火紅的著名「輸出」品。這對一個默默耕耘、杳無人知的艱困環境國度來說，無疑是老天爺給她人民世代相傳的最佳強心劑。芬蘭，這個百年以前還是歐洲的貧窮國家之一，讓世人看到了「有志者，事竟成」，而且「不嫌遲，只嫌不踏出第一步」的希望與榮景。

當來自全球各地讓芬蘭應接不暇的教育考察團，加上芬蘭所舉辦一場接一場國際教育研討會，總還會為「芬蘭教育」這個已經打得響亮的品牌，帶來如同漣漪一般不斷擴散出去的全球討論熱潮。

百年前的芬蘭，絕對無法預先設想到今日的發展成果，而半世紀前所進行的一次決定性教改，也必然無法想像會達成今日的舉世豔羨光景。然而，所有公平的自然法則，總不知不覺的讓人感慨：「天公爺，還真是會疼憨人！」但真正的憨人，是必須一步一腳印、不求快、不求第一、不求立竿見影的走穩每一階段。

「憨人」的哲學，不外乎是「盡人事、聽天命」罷了。一心只想著將事情做好，那時間總會有站在我這邊的一天吧。

原來，所有事物成功的道理，不過就是這麼簡單！

教育，讓世界前來取經

我在日本學界為主的芬蘭教育研討會現場，聽到一位接一位日本學者所提出各項日本教育面臨的問題：師道低落、學生不快樂、要怎樣培養閱讀、我們不敢放學生太多的假等等；讓我聽來頗為耳熟，這份「同理心」讓我驀然驚覺，我們的情況和你們真是大同小異啊！

這些日本男女師長、學者們，以日文問著我說：「真的嗎？你們和我們有像啊？」這不是我第一次如此聽到，在初春的另一場國際研討會中，也聽到出席的日本學界如此問道。

我想，這些會場上問出來的，或私下和我聊天提出來的熟悉問題，是因為我太瞭解你們的制度？還是你們不太認識我們的狀況？我望著他們滿臉疑惑，不禁心生懷疑，低頭嘀嘀咕咕起來。難怪，有一回《赫爾辛基日報》上報導說，有些瑞典學校的教科書，至今還會將芬蘭描繪成「貧窮落後、不擅長運動、學生程度低落的國家」。

這是「大哥」一向習慣看待身邊「小弟」的態度問題吧？還是，殖民母國與曾經被殖民屬地的關係概念？當以往的巨人身影，被身邊小弟們急速的超前時，巨人是不是只會原地踏步，還以為這些小國們也一直會跟在身邊咧？

但只要巨人一旦覺醒了，不僅向前看，還向更先進的國家與觀念學習時，小國們是要亦步亦趨的跟著巨人，繼續接收著巨人轉來的第二手資訊、觀念呢？還是應該決心揚棄拾人牙慧的舊式從屬關係，直接向第一手的先進國家學習，和巨人一起迎頭趕上。這樣，原先的小弟不僅拒絕再做巨人身邊的附屬、第二手，還能創造出自身的進步動力與價值！

我總覺得，如果芬蘭沒有創造出自己的「人本」教育模式，而且實實在在的把它執行出來，那就不會有今天國際教育評比上的「無心插柳」成就。也不會有鄰國丹麥在第一時間就派出教育團，到這位北歐小老弟的家裡，一再探索：「為什麼你們能做到？」

丹麥的訪團一再問芬蘭教育專家說：「咱們不是很像嗎？可是，你們怎麼做到的？」芬蘭教育界人士開玩笑的跟我說：「就因為個性不同嘛！」

當然，這不是說芬蘭只用一句話，就打發了丹麥的好奇心！而是以各國都應該先理解各國的狀況本來就不同，以此作為基本出發點，然後再慢慢一點一滴的詳細剖析可行之道。

歐盟大國的德國，也組成了無數的教育團體到芬蘭來，另外，就在德國和歐洲多數國家一連來了幾十個考察團後，芬蘭的瑞典「大哥」也終於有點心不甘情不願的，派人到芬蘭來瞭解，究竟芬蘭教育是強在哪裡呀？

東部一所中學的校長跟我說，有一回在德國出席一項研討會時，居然一到會場就碰到德國人爭相詢問他：「你們是怎麼辦到的？」校長有點不好意思的跟我說：「說實在話，我當時連發生什麼事都不知道呢！」

芬蘭現在接待有關研究芬蘭教育的訪問團體，不僅逐年增長，還有不少國家是一團接一團的派來。芬蘭全國教委會的人跟我說，還有一家挪威公司，專門辦理到芬蘭來的教育參訪兼旅遊！我們一起笑著說，怎麼是挪威人當起了芬蘭的「仲介」呢！

看來，小弟終有長大成「巨人」的一天，只要小弟真心願意一步一腳印，堅持屬於自己自創品牌的「教育」，與尊重基本「人本價值」的初衷！

在這個最真實不過的案例中，我看到了那分上蒼給予珍愛生命者最大的力量，與最美的希望。

幾個世紀以來只能被稱作「波羅的海女兒」的芬蘭，曾經拜通訊科技之賜出了個Nokia之後，又靠著「教育」這個自創的全新世界級品牌，在人類邁入二十一世紀之初，大放異彩。

芬蘭終於讓身邊的老大哥們，以及其他的先進國家，開始知道她的地理位置到底在哪裡了！

樹林區漫步活動的芬蘭小學生

來芬蘭唸書，好嗎？

有時，常會有人留言給我，認為芬蘭教育實在很好，希望能帶著孩子移民來此就讀。

就這一點，我必須很中肯的說，芬蘭教育的好，是在於其施行過程中非常重視「平等」與「平均」。如果你認為自己孩子是天才、是奇葩，可能會對芬蘭的這種教育理念嗤之以鼻，認為自己的孩子無法在這種體制裡，被突顯、表揚與彰顯出來。因為她們的教育思維重視「平實」，不太強調「菁英」，不樂意只花費資源在培養菁英上，反而盡力照顧相對弱勢、相對落後的學習者。另外，芬蘭教育有著北歐式的獨立精神，盼望能培養出獨立自主的學習精神，相較之下，無法和英式的紀律與德式的嚴謹，放在同一種天平上去互相衡量。

芬蘭式的教學目的，是希望每個孩子都能有自己的思想，而讀書的動機和學習方向的選取，是依照孩子的意願，而不是採用揠苗助長的方式從師長教導出「終身職志」。希望父母能陪著孩子一起，找出孩子心中的興趣與志向，從而能自動自發的去學習。

從尊重人性、自然養成的某些角度來看，這是相當獨立自由，也比較「人本、人性」的教育哲學。老師逼不得，家長也干預不了太多，許多事物由學生來做主。所以要想想這樣的思維模式，你能接受嗎？

再從最實際面來說，芬蘭並非英語系國家，教育環境再好、再完善、英語再普遍，終有著外來移民一定要面對的芬蘭語言，與融入其社會和職場的問題。畢竟，芬蘭語不是英語，任何移入者，都必須學習芬蘭語或是瑞典語，這將是重要的謀生工具與生活條件。除非只是短期的旅居者，不是終將在此長治久安的居民，那做法上可能會不同。

我們家是因為工作的關係來到北國。芬蘭六年，就人生旅程來說，說長不長，說短不短；說它長，它的確長到足以使一個人從大學唸到碩士，說它短，是因為或許芬蘭只是我整段生命之旅中的一處驛站。因此，在想法與需求上，會有些不同。所以我們必須在面對選擇的十字路口時，先要多多瞭解與認知，知道何者才是自己現階段裡，最重要的同心圓。

如果我說，我慶幸女兒們能和芬蘭孩子一同動手做木工、做電工、學縫紉、學織布、在森林中找路、在冰雪中溜冰……，因為這些，我一樣也不擅長，我很樂意看她們如此廣泛的學習。但對於習慣以學業為重、必須要孩子贏在起跑點的許多父母，這樣的多元、駁雜的學習環境，如此的養成過程會使你們安心嗎？許多的學習課程，誰也不知道日後有沒有「用」，因為它們不見得對於未來的「考試、升學」有直接、重大的助益。這樣的教育理念，真能認同嗎？

羅亞市正在做群組討論的中學生

我很賞識那些實作的課程，也很開心看到孩子們能慢慢養成具有獨立自主的個體，並領會芬蘭教育最核心的價值與重視「人本」的精神，樂意以一個文化觀察者和地球村一分子的角度，去多加發掘與研究芬蘭的教育理念與實際教學方式。

這除了是我搬遷人生中的一項因緣際會外，芬蘭那種平實、腳踏實地的性格，讓我一再體會到「天公疼憨人」，每每讀之、聽之、觀之芬蘭人這幾十年來「踏實築夢」艱苦歷程，內心總是澎湃、動容感懷。

但平心而論，我並不認為大家可以因為芬蘭的基礎教育有口皆碑，就應該心動的大舉移居，而攜家帶子的遠離故土，來到一個與「母語」切割的環境中，重新設法安家育子。

因為這除了大人們立刻要面對的語言轉換學習，以及謀生求職等現實的適應問題，下一代的語言適應與學習問題，更要用非常健全的心理建設和完整的生涯規劃來面對、思考。這些看法，是我對於想直接移來芬蘭，並且設想要直接進入芬蘭基礎教育的父母們，所提出的誠懇建言。

不過，從另一個角度來看，芬蘭的高等教育的確已經有不少以英語為教學語言的各類課程。如果，孩子們已經在本國母語文化環境裡穩定成長，父母也許可以規劃遷移到此來認識不同的高等教育制度與模式，未嘗不是種選擇。

在愈來愈走向全球化的今天，有許多家庭因為父母的工作，而必須一而再、再而三的跨國，甚至跨洲際遷移。這樣的情況，我總是鼓勵父母與孩子一起成長。孩子或許必須離開原有的母語環境，但有父母在身旁，有家庭做堡壘後盾，即便發生短期的文化調適與學習銜接的問題，終將會隨著時間推演而逐漸解決，也更能讓一家人都受益於跨越文化差距之間的豐富、多元成長的人生旅程。

但是，任何的收穫與成長，必定是曾經付出各樣的辛勞與努力所換來的。

我知道，女兒們終將會長大，而北國六年結束回到台灣後，可能又將再度跨國搬遷。那她們的下一站學習之地在哪裡？我們無法掌握，然而我只能虛心、惜福的珍藏起與孩子們相處的每一段歷程，並總是衷心的期許，一切都能順利平安。

我始終相信，所有曾經走過的旅程，必將是我們未來下一段異地生活的養分；我更相信，孩子們終將因為父母的健康面對搬遷人生與異國文化，而在成長的過程裡，有所收穫。

大女兒學校每年三月的滑雪日

芬蘭國家歷史館前的國家動物棕熊石雕

適合做執行長的民族

參加了一場專為日本教育界所舉辦的芬蘭教育研討會；研討會期間，我們一起與眾多芬蘭教育官員、教授、學者、老師們談了不少芬蘭教育的理念和實行概況，也參觀了兩所赫爾辛基城外郊區城鎮的中小學。

隨後一個月，我在一次酒會中遇見芬蘭朋友尤奇（Jyrki）和米凱爾（Mikael），我們之前就曾在一次晚餐會中，聊到芬蘭教育；尤奇就像一些四、五年級的芬蘭人，對芬蘭教育的舉世豔羡成就，抱著疑惑的看法，對芬蘭年輕一輩的前景，多少還帶點不那麼樂觀的心思。

「我對於我們的教育成果，很懷疑咧！」尤奇當時有點高分貝的說。

所以那天在酒會上看到尤奇，我就笑著調侃他說：「其實啊，你們的教育很不錯啦！我一個月前花了將近九百歐元，參加了一場為期兩天的研討會；那可是專為日本教育界舉辦的喔。你看看，人家千里迢迢來取經！」

尤奇和米凱爾互望，既恍然大悟，卻又帶點玩笑的說：「啊哈，咱們芬蘭教育辦得真好，還有商業頭腦，竟可以賺錢！」

我就看著他們像哥倆好，東一句、西一言，笑容可掬的討論起這個話題；我覺得好笑，接過話說：「我們還去參觀了兩所外地的學校，因為大赫爾辛基區內的學校，已經負荷不了過多的訪客，所以九月底的行程，只能往外城安排了。」

「哦，對了，我們去的那所中小型小學，整個建築造型，明亮、現代，又漂亮。」

尤奇就和許多芬蘭人一樣，總是三不五時要挑剔自己人，他覺得時下芬蘭年輕人的話太多，地鐵裡大家都在講手機，比以往吵得多。

這時他和我開起玩笑說：「對呀，對呀，以前我在中國參觀他們的監獄，也覺得不錯啊。」

我和他一起大笑，回家和先生這麼一說，又再次笑翻了天。

我和先生下個結論說，改天我一定會和尤奇提起，為了讓我這個「外人」有機會真正瞭解你們芬蘭教育，是平等、平衡、普及，我找時間到各地的大城小鎮，隨機走訪洽問，不去所謂教育當局安排的「樣板」學校，也絕不只是在首都附近晃晃走走。我相信唯有深入、廣泛去看到真實的芬蘭學校和師生互動，或許也才能回頭向尤奇，或者芬蘭、世界與台灣眾友說聲：「芬蘭教育，不是蓋的！」

當然，芬蘭人真的很愛挑釁自己，有時我總不免笑話之間談起，同樣一件事讓芬蘭人來說，和讓義大利人來講，會產生截然不同的觀感；一個只會把八分滿，說成只有六分的自信不足，另一個則是只有六分，也會說成十分的過度誇張。芬蘭保守、羞澀的缺乏信心，義大利卻總是自信滿滿的習慣浮誇，這中間的分野之大，有時候還真是明顯！

歐洲流行一個笑話是，當芬蘭還沒有加入歐盟時，她就把歐盟的律例法規執行到百分之一二〇，然而，當時義大利這個歐盟的創始會員國，執行達成率卻不到百分之六十。

難怪，許多歐美國家的分析報導都顯示，芬蘭人適合當執行長，卻苦於不善於推銷、哈啦；當我和赫爾辛基副市長寇可能（Paula Kokkonen）女士這麼說起時，想不到她竟然說，對啊，而且這個議題已經登上國會議事殿堂大張旗鼓的討論咧！

當場反而是我愣住了，狐疑的問說：「您是說，國會在討論芬蘭人不擅長推銷的事啊？」她一臉正經的說：「就是啊！因此我們想要改變呢！」

後來，我還真在一場酒會中又巧遇尤奇。我跟他說，不錯了啦，你老是覺得以前的學生比現在的孩子更認真，但我看到你們新生代的優勢，其實他們比以往更具可塑性和潛力！

這時，另外一位芬蘭朋友馬提（Matti），竟在一旁先接腔的調侃說：「啊哈，妳別理他，他是老古板啦！」

我誠懇的跟尤奇說：「你們教育官員和教育界，對

北極圈恩濃戴奇歐鎮小學裡指著地球儀上台灣位置的老師

於芬蘭教育的成果和未來，可是信心十足。」

他笑答著：「妳別忘了，那是他們的工作啊，還好我不是在教育部上班哦。」

我說：「你就別再憂心忡忡了，改天我來跟你『簡報』芬蘭教育和亞洲教育的差別吧！」

大夥兒驚喜的呵呵笑起來，你一句，我一語的向尤奇說，就是嘛，就是嘛，有信心一點吧……

在芬蘭，同樣的事，如果你問了不同的人，或是不同年代的人，總會有不同的評論與看法，可能從極度不認可的，到極端看好的都有。但有趣動人的是，最後總能見到大多數人在某些社會核心價值上，與教育的基本概念精神上，激發最有共識的火花。

芬蘭，妳的前途似錦

寫完這本書的初稿，已經是三月底、四月初了，我又歷經了一個漫長的秋冬，無數時日的天昏地暗，我突發奇想的想要去買一台紫外線的仿日光照射機（Light Therapy），才不至於讓我在應該工作書寫時，卻顯得要冬眠一樣的昏昏欲睡。

三月底，一如往常，芬蘭調整回到夏令時間，好像一瞬間，天不僅亮了許多，陰鬱厚重的雲層也散開了。

夏令時間的開始，萬物欣欣向榮；冬令時間的調整，萬物就好似全都歸零。只是，我知道，生活不論在何方，是應該不分天晴寒暑，都得要繼續運行才是。

四月初，我又去參加另外一場為期三天的芬蘭教育國際研討會，這回的參與者來自世界二十多個國家，都是教育界的學者、校長、老師、專家和教育部官員、研究機構、學校行政等，大家聚在一起談芬蘭、談自己國家、談世界。當然，研討會的收費還是一樣高。

過去幾個月中，我陸續約訪過多位芬蘭教育當局的官員，舉辦研討會的國際處資深顧問兼承辦人的哈娜說：「妳已經很瞭解我們教育了！不過，真的很歡迎再來哦！」

我很不好意思的回答說，嗯，其實有時候當妳知道愈多時，觸及的層面愈廣、愈深，就會更擔心自己的不足；並且愈挖掘，就愈想再深入探索下去。而我，只能算是略有所知，任何的領域，只要再往下細分、探討、瞭解，那絕對是永無止境的。我不過是把這六年來所見、所聞、所讀、所談、所學、所思、所訪，陸續整理出來罷了。

我不是專職的教育工作者，但卻希望以身為兩個孩子的母親，以及期許自己對於所處環境的社會人文與跨文化間，有所感觸與深刻體認的社會觀察者，去看見芬蘭與芬蘭教育這座「廣闊森林」的全貌，並感受到栽種出這片茂密森林背後的真心、真情。如此看待自己，心裡會比較踏實。

我知道，參加完這一場和國際學界一起進行的芬蘭教育會議之後，我必然又會產生更深一層與更新的觀感。更何況，教育體系與教育理念，本來就是不斷改變的「進行式」，必須隨著時代的脈動和師生互動的新情況，而不停止的推演向前走。芬蘭教育幾十年來就是這樣的自我適應、自我調整步伐，而逐漸邁向心中所堅守的學習理想。

赫爾辛基的「香榭里舍」Esplanadi大道秋景

芬蘭教改一直持續不斷，而我深刻體認到，唯一改變的是「思想」，而唯一不變的，必然是其中的基本「價值」與「精神」。

而「價值」與「精神」取得最大多數人民的共識，才是驅使整體教育體系與父母家長一起去落實這些理念的根本基礎。確立了「人本」的中心思想，看起來好像隨波逐流的教改，看似順應趨勢，但終究會殊途同歸的彈性變化而已了。

三月底的午後，我在那條有著「赫爾辛基香榭里舍大道」的人行公園步道上，巧遇尤奇。

一陣子話家常、聊近況之後，我提起近一年間在芬蘭從北到南，將近百個不間斷的晤面、會談，以及大城小鎮間穿梭走訪數十所學校、圖書館、機構、人員等等，然後我說了：「安啦！可以對你們教育有信心啦！你們國家教委會，又要辦國際研討會了！」

尤奇此時笑呵呵的說：「天啊，我們教育單位真是太厲害了！」

我忍不住開了這位在芬蘭中央部會高就的尤奇一句玩笑：「是啊，你們光是教育部去年就已接待了來自六十五國的政府、部會首長、議員等成千個參訪團！我看你請調到教育部去幫忙吧！」

他迸出了芬蘭人難得一見的爆笑！

幾天之後，我行經芬蘭總統府側旁的露天市集廣場，再輾轉走過赫爾辛基市政府旁的百年鵝卵石路，進入了那棟有百年歷史建築的恩格爾咖啡館（Café Engel），和一位赫爾辛基議會的教育理事帕卡里能（Pia Pakarinen）女士做了我這本書的最後一場訪談。

我和開朗健談的她，邊用早餐，邊聊著芬蘭、芬蘭教育、芬蘭人生……

當我和她擁別之後，走出了這家總是本地人和觀光客一起人潮洶湧的咖啡老店。這是個略帶陰濕雪泥的午後，我抬頭望見灰濛濛的天色，卻也見到咖啡館對面廣場正上方，大家俗稱「白教堂」的雄偉赫爾辛基大教堂，依舊氣宇軒昂的矗立在石階梯上。內心竟然湧出了六年前，初來乍到芬蘭時，一看到她的那一份悸動！只是現在多了數不盡的親切，與難以割捨的情感，心中對她說了句：

「妳站得真好！」

想起在咖啡館裡的談話，談到芬蘭教育所面對的挑戰之一就是，從前她年幼時，幾乎少有外國人的赫爾辛基市，現在因產業科技等外來移民已經占了百分之十一；而隨著赫爾辛基不斷走向國際化，未來幾年已預期會逐漸增加到百分之二十五的外籍移民中小學生。所以如何順利教好這些外來移入設籍的子女，市政府基本的規劃早已開始在執行了。

她篤實、遠見的分析，讓我的腦海彷彿一下隨著她的講古和說明，跌進了時光隧道，從芬蘭教育的過去一路聽到未來規劃。這一趟環環相扣的時光之旅，正如同所有城市的過往與未來，必定有其軌跡可尋。但只要踩著踏實走過的路，一路篤實的面對任何未來挑戰，盡力做好活在當下的每一刻，那未來，必然是美好燦爛。

眼前在灰濛天色下依然耀眼的白教堂，也讓我把記憶中所有不同天候下，她所出現過的繽紛映照迷人風情，用Powerpoint一樣的影片精彩換幕方式，在我心中刻劃出閃亮而過的瑰麗景象。

她的不變與堅持，總是在環境的千變萬化中，顯出氣宇非凡的平實。我掉入了一百多年前英國女作家崔蒂對芬蘭的思考與預言：

「出眾的教育制度，將確保芬蘭，前途似錦！」

初春的赫爾辛基白教堂

後記

《沒有資優班》出版至今十四年，曾登上誠品、博客來、金石堂等台灣各大書局的暢銷榜及選書之列，也曾入選縣市政府的年度好書和推薦書籍，同時也是眾多高中的推薦書和大學通識課堂的選書。

過去十多年，一般大眾從對芬蘭的不熟識，到逐漸掀起一股股瞭解芬蘭的熱潮，許許多多教育學者教授、高中小學教師、高中及大學生等等，陸續前往芬蘭考察研究，許多人對這北歐國度充滿著高度好奇，也對其所施行的教育理念與體系產生濃郁興致，紛紛想一探究竟。

二〇〇八年，當這本書快要印製完成出版時，當時的木馬文化總編輯若蘭曾來信說，書裡的內容讓她大開眼界。當時，我明瞭她所指的「大開眼界」，應該和我在北歐六年間不斷跨越進步與成長的心境相似。眼界，有時是一種必須超越過往成長與學習環境，去遇見、看到截然不同的觀念與想法，再經由思考、咀嚼而獲得。

過往的觀念與想法，若沒有機會受到其他思維的啟發，甚至衝撞與重新盤整認知，就很難有機緣去打破原本固有的思想與觀念。

原先的思想與觀念，不必然就是陳舊，也不應為了打破而打破，而是因為遇見了更美好、更理想並實證可行的事物，自然而然吸引人們去追求與嚮往。而所謂美好、理想的事物，對我而言，永遠是回到事物的本質，去探究事物的初衷。教育，正應當如此。

當時這本書一路寫來的挑戰，就是我應該以何種方式呈現？該怎麼寫下腦子裡塞滿的六年芬蘭生活、女兒在芬蘭的學習、自己曾經和數百位芬蘭教育等各界人士的對話、超過五十所學校與機構的參訪，以及參與國際教育人士群聚研討的豐富見聞。

我深怕有遺漏，總是經常出現新的想法與書寫角度。我一直苦思著

我知道，在人生不同階段寫這本書，文字、筆觸和內容，必然不同。就如同教育界的國際研討會中，任何一位芬蘭專家來談教育，都會出現不同的著力點、專業背景與個人經驗。同一主題，遇上不同時間點、不同講者，詮釋就會不同。

但想要瞭解一個國家的教育，必然要對整體社會人文環境都有所認識。畢竟，所有知識與學問是相通的，而教育議題，牽涉到的絕對是社會的各個層面，唯有社會普遍接

受、建立起來的觀念與想法，才是驅動任何改革的動力。

聽到亞洲許多國家的教育學者說：「不可能、不適合，我們國情不同……」我總試著跟他們說：「有可能、會適合，因為這個教育體制，很人性、很務本……」他們仍是一臉狐疑的追問我：「為、為、為什麼芬蘭的教師，能有如此高的社會地位？」想不到，我在國際研討會的現場，也能以在地人與外來人的雙重身分，成為了協助短期走訪芬蘭的外人，去詮釋他們難以理解的芬蘭現象的「代言人」。

二〇一六年八月，芬蘭最新課綱正式上路，我購買了新出爐的課綱線上版，更新了原書裡的數據，當我再次閱讀十四年前出版的這本書時，我發現，芬蘭對教育的本質與概念，並沒有改變，反而更加深化。

芬蘭新課綱中，強調了跨科目學習的重要性，也強調教育是為了因應未來與變動的社會，學生必須具備七種核心能力，其中包括「思考和學習能力」、「文化素養、互動和表達能力」、「照顧自己、管理日常生活及自我安全的能力」、「多語文能力」、「資訊科技能力」、「職場技能和創業能力」、「參與、自我增能和負責任的能力」。

芬蘭教育的變，是隨著時代的變化趨勢所必須做的調整，而改變與調整，是每個國家教育體系與教育工作者都必須面對的。所有的變，來自於適應大環境與未來的變化，但所有的不變，則永遠是來自追求一個國家人民與社會的最大福祉，以及對於教育與學習「所謂何來」的堅持與信仰。

在近十年的芬蘭熱後，芬蘭終於能為自己正名，親友們也總算知道我曾經去了何方；不會再將「芬蘭」當成「丹麥」或「俄國」，更不會再將「赫爾辛基」視為「斯德哥爾摩」了！

沒有資優班

珍視每個孩子的芬蘭教育

〈典藏增修版〉

作者 陳之華
社長 陳蕙慧
副總編輯 戴偉傑
主編 李佩璇
編輯 涂東寧
行銷企劃 陳雅雯、尹子麟、余一霞、林芳如
封面設計 比比司工作室
內頁排版 簡至成
讀書共和國出版集團社長 郭重興
發行人兼出版總監 曾大福
出版 木馬文化事業股份有限公司
發行 遠足文化事業股份有限公司
地址 231新北市新店區民權路108-3號8樓
電話 (02)2218-1417
傳真 (02)2218-0727
Email service@bookrep.com.tw
郵撥帳號 19588272木馬文化事業股份有限公司
客服專線 0800-221-029
法律顧問 華洋國際專利商標事務所 蘇文生律師
印刷 凱林彩印股份有限公司
初版 2008年07月
二版 2016年11月
三版 2022年03月
定價 420元

國家圖書館出版品預行編目(CIP)資料

沒有資優班：珍視每個孩子的芬蘭教育 / 陳之華著. -- 三版. -- 新北市：木馬文化事業股份有限公司出版：遠足文化事業股份有限公司發行, 2022.03
328面；17×23公分
ISBN 978-626-314-119-3(平裝)

1.CST: 教育 2.CST: 文集 3.CST: 芬蘭

520.9476 111000290